Impressum

Herausgeber: Prof. Dr. Ralf-Christian Härting
Hochschule für Technik und Wirtschaft,
Beethovenstr. 1, 73430 Aalen

E-Mail: kmu@kmu-aalen.de

Internet: http://www.kmu-aalen.de/

Herstellung und Verlag:
BoD - Books on Demand, Norderstedt
ISBN 978-3-7322-4826-1

MIX
Papier aus verantwortungsvollen Quellen
Paper from responsible sources
FSC® C105338

Vorwort

Seit dem Jahr 2004 finden im Zwei-Jahres-Rhythmus im Studiengang Betriebswirtschaft für kleine und mittlere Unternehmen der Fakultät für Wirtschaftswissenschaft an der Hochschule Aalen die sogenannten Transfertage statt. Dabei handelt es sich um eine eintägige Veranstaltung, die sich mit relevanten Themen für mittelständische Unternehmen beschäftigt.

Die vergangenen beiden Transfertage behandelten die Themen „Marketing- und Vertriebssteuerung" (2010) sowie „Überlebensmanagement in Familienunternehmen" (2012). In diesem Tagungsband werden Ihnen Inhalte und Ergebnisse aus den Vorträgen dieser Tagungen sowie weiterführende Informationen zur Verfügung gestellt. Ich bedanke mich bei allen Referenten bzw. Autoren, die durch ihre Beiträge die Spannung und Herausforderung der beiden Forschungsfelder zeigen.

Wir hoffen, alle Leserinnen und Leser dieses Bandes beim nächsten Transfertag im Jahr 2014 zum Thema „Big Data" begrüßen zu dürfen.

Aalen, im Juli 2013 Prof. Dr. Ralf-Christian Härting

Inhaltsverzeichnis

Abbildungsverzeichnis

Tabellenverzeichnis

1 Business Intelligence im Medienversandhandel – Data Mining Analysen für die Vertriebs- und Marketingsteuerung

Ralf-Christian Härting, Irene Walter

1.1 Begriffliche Einordnung und Grundlagen

Der Bedarf an Analysewerkzeugen zur Wissensgenerierung steigt in Unternehmen stark an. Grund sind die stetig zunehmenden Datenbestände (auch als Big Data bezeichnet) und Möglichkeiten, die das Sammeln und Speichern von Daten erleichtern. Deshalb werden von immer mehr Unternehmen geeignete Verfahren und Werkzeuge nachgefragt, die sowohl der Verarbeitung von Daten als auch der Extraktion nützlicher Informationen aus diesen Datenmengen dienen.

1.1.1 Business Intelligence und Data Mining

In diesem Zusammenhang wird oft von Begriffen wie Business Intelligence (BI) oder Data Mining Gebrauch gemacht. Business Intelligence im weiteren Sinne stellt hierbei eine Begrifflichkeit für Informationssysteme dar, die auf Basis interner sowie externer Daten dazu im Stande sind, das Management bei der Entscheidungsfindung zu unterstützen.[1] In dieser Definition kommen mehrere Aspekte zum Ausdruck, die sich in drei Ebenen differenzieren lassen.[2]

- Geeignete Vorsysteme, die der Abwicklung von Geschäftsprozessen dienen, sind Grundlage für BI-Anwendungen.
- BI stellt Lösungen für strukturierte und unstrukturierte Daten auf einer Datenebene zur Verfügung.
- BI soll die Entscheider auf einer Logik- und Präsentationsebene optimal mit den richtigen Informationen versorgen.

[1] Vgl. Gabler Wirtschaftslexikon (2010), S. 568; Kemper/Mehanna/Unger (2004), S. 8.
[2] Vgl. Härting/Steinecker (2008), S. 51 ff..

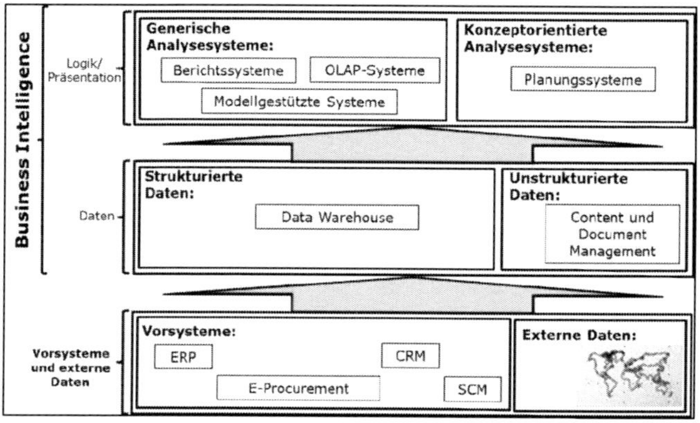

Abbildung: 1.1: Komponenten des Business Intelligence
Quelle: eigene Darstellung

Business Intelligence im engeren Sinne wird als Information verstanden, die es zu generieren, speichern, recherchieren, analysieren, interpretieren und verteilen gilt.[3] Daraus ableitbare Aufgaben von Business Intelligence sind vorwiegend die betriebliche Entscheidungsverbesserung sowie die Gewinnung neuer Erkenntnisse aus verfügbaren Daten.

Ein häufig mit Business Intelligence im engeren Sinne einhergehend verwendeter Begriff ist das Data Mining. Hier geht es weniger darum, Daten zu analysieren (sammeln, auswerten und darstellen), sondern vielmehr um den Versuch, mit Unterstützung von statistisch-mathematischen Ansätzen neue Muster und Zusammenhänge in Datenbeständen zu entdecken. Dabei wird auch von einer „Wissensentdeckung in Datenbanken" als Ziel von Data Mining gesprochen. Verfahren zur Erreichung dieser Ziele sind neben der Segmentierung zum Beispiel Klassifikationen, Beschreibungen von Konzepten und Prognosen oder Abhängigkeitsanalysen. Der im Rahmen des Data Mining ablaufende Prozess kann diesbezüglich in verschiedene Phasen der Wissensgenerierung gegliedert werden.

[3] Vgl. Kemper/Mehanna/Unger (2004), S. 8.

1.1.2 Prozess der Wissensgenerierung

Der Wissensgenerierung liegt der sogenannte Prozess des Knowledge Discovery in Databases (KDD) zugrunde. Hierfür bilden die Datenaufbereitung, die Mustererkennung mit Hilfe von Data Mining und die anschließende Evaluation sowie Interpretation der Ergebnisse grundlegende Teilschritte.[4]

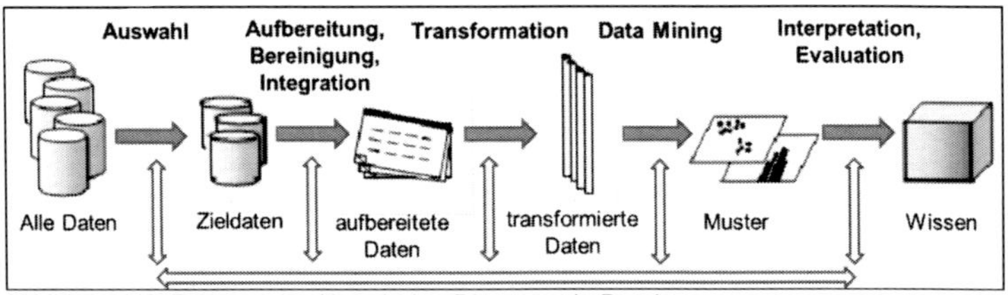

Abbildung 1.2: Prozess des Knowledge Discovery in Databases
Quelle: in Anlehnung an Fayyad/Piatesky-Shapiro/Smyth (1996)

Im ersten Schritt des KDD-Prozesses werden geeignete, problemspezifische Merkmale generiert und relevante Daten selektiert. Die sich so ergebenden Zieldaten werden daraufhin bereinigt, was unter anderem das Entfernen von statistischen Messfehlern und Ausreißern beinhaltet. Im Rahmen dieser Aufbereitung werden Daten unterschiedlichen Ursprungs kombiniert und anschließend in eine für die Analyse erforderliche Form transformiert. Diese transformierten Daten bilden die Ausgangsbasis für die eigentliche Analyse durch Data Mining Verfahren zur Erkennung von Mustern, Trends und Zusammenhängen.[5]

Die Modelle des Data Mining können grundsätzlich in prediktive (vorhersagende) und deskriptive (beschreibende) Modelle eingeteilt werden. Hinsichtlich prediktiver Modelle kommen z.B. Regressionen oder Klassifikationen zum Einsatz. Hierbei wird aus historischen Daten ein Vorhersagemodell abgeleitet, welches auf aktuelle Daten Anwendung findet. Auf diese Art und Weise lässt sich beispielweise das Kaufverhalten eines neuen Kunden ermitteln. Prediktive Analysen werden in diesem Zusammenhang oft mit Scoring Modellen verknüpft, die jede Aussage im Vorhersagemodell differenziert gewichten.[6]

[4] Vgl. Fayyad/Piatesky-Shapiro/Smyth (1996), S. 27 ff..
[5] Vgl. Han/Kamber (2006), S. 7.
[6] Vgl. Enzyklopädie der Wirtschaftsinformatik (2012).

Da die Analyseergebnisse im Anschluss meist nicht direkt anwendbar sind, ist zur Wissensgenerierung eine Nachbereitung in Form von Interpretation und Evaluation erforderlich. Außerdem ist es möglich, dass die beschriebenen Teilprozesse nicht streng sequentiell aufeinander folgen, sondern dass abhängig von den jeweiligen Ergebnissen, vorangegangene Teilprozesse wiederholt werden müssen. Beispielsweise ist eine erneute Datensäuberung essentiell, falls in der Mustererkennung fehlerhafte Daten erkannt werden.[7]

1.1.3 Betriebswirtschaftliche Anwendungen

Im betriebswirtschaftlichen Umfeld kann der Prozess der Wissensgenerierung unter anderem Antworten auf komplexe Fragestellungen in Marketing, Vertrieb oder der Logistik geben. Beispiele für entsprechende Fragen sind:

- Kann der Erfolg einer Werbeaktion schon im Voraus abgeschätzt werden?
- Gibt es Indizien, aus denen schon vor Versand der Ware ein Inkassoausfall erkannt werden kann?
- Kann beim Versand eines Katalogs prognostiziert werden, ob dieser gelesen wird und eine Bestellung nach sich zieht oder nicht?

Weitere typische Anwendungsbeispiele des Data Mining für die Bereiche Beschaffung sowie Marketing und Vertrieb zeigt folgende Übersicht:[8]

Beschaffung	**Marketing / Vertrieb**
Bonusanalysen	Regalbestückung in Supermarktketten
Lieferantenanalysen	Standortplanung für Handelsketten
Materialrationalisierung	Zielgruppenanalysen

Tabelle 1.1: Anwendungsbeispiele für Data Mining
Quelle: eigene Darstellung

1.2 Data Mining Analysen am Fallbeispiel

Im Folgenden wird das Einsatzpotential von Data Mining Modellen an einem Fallbeispiel aus der Medienversandbranche dargestellt. Das Versandhandelsunternehmen vertreibt die in der Branche üblichen Artikel, wie z.B. Bücher, Musik (CDs), Hörbücher, Software (CD-ROMs) oder Filme (DVDs). Bestellungen von Kunden können hierbei

[7] Vgl. Han/Kamber (2006), S. 7.
[8] Vgl. Härting/Steinecker (2008), S. 51 ff..

auf verschiedenen Wegen realisiert werden. Kunden verfügen über die Option telefonisch, postalisch oder seit einigen Jahren auch online bestellen zu können. Um dem Kundenwunsch nach Informationsversorgung und Markttransparenz nachzukommen, werden in regelmäßigen Zeitabständen Werbeträger (Flyer, Kataloge, Newsletter) an eine zuvor definierte Kundenzielgruppe versendet. Auf diese Art und Weise wird auf die neuesten Produkte aufmerksam gemacht und auf Sonderaktionen hingewiesen.

1.2.1 Fragestellungen

Durch den Einsatz von Marketinginstrumenten, welchen auch der Werbeträger Katalog angehört, entstehen für ein Unternehmen teilweise sehr hohe Kosten. Im Falle des Beispielunternehmens belaufen sich die Kosten für einen Katalog auf ungefähr 1€ zuzüglich Versandkosten. Aufgrund einer sehr hohen Auflage von etwa 200.000 bis 300.000 Stück und einem Gültigkeitszeitraum von jeweils etwa sechs Wochen entstehen beträchtliche Kosten für das Unternehmen. Ausgehend von diesen Rahmenbedingungen ergeben sich verschiedene Fragestellungen, welche mittels geeigneter Analysen beantwortet werden sollen. Mögliche Fragestellungen in diesem Zusammenhang sind:

- Wie können Rentabilität und Erfolg eines Katalogs bestimmt werden?
- Was sind mögliche Optimierungsansätze bei der Adressselektion der Kunden, die einen Katalog erhalten sollen?
- Welche weiteren Merkmale der Kunden können neben Umsatz und Zeitpunkt der letzten Bestellung berücksichtigt werden?
- Sind Auswirkungen des Erscheinens und Versands eines Katalogs auf das Verhalten von Kunden erkennbar?
- Gibt es Zusammenhänge zwischen unterschiedlichen Produkten oder Produktgruppen und welche Produkte bzw. Produktgruppen werden häufig in Verbindung miteinander gekauft?
- Welche weiteren Maßnahmen können aus den Ergebnissen abgeleitet werden (z.B. besondere Anordnung von miteinander in Verbindung stehenden Produktgruppen sowohl innerhalb eines Katalogs als auch im Sortiment von Niederlassungen)?

1.2.2 Vorgehen

Bevor mit der eigentlichen Analyse begonnen werden kann, muss der Prozess der Wissensgenerierung eingeleitet werden. Zunächst muss ermittelt werden, in welcher Form und welchem Umfang geeignete kunden- und produktspezifische Daten gesammelt und gespeichert worden sind. Dazu bedarf es einer Datenextraktion aus den Vorsystemen. Im Fallbeispiel wurden Fakturierungsdaten auf Belegebene sowie aktuelle Artikel- und Kundenstammdaten aus einem Warenwirtschaftssystem in einem für alle Datenbanken lesbaren Format (clv) exportiert. Im nächsten Schritt der Datenaufbereitung, der Vorstufe von Modellierung und Analyse, werden die Daten sukzessiv bereinigt und in eine für die jeweiligen Analyseverfahren notwendige Form gebracht. Der Schritt der Datenaufbereitung musste sehr sorgfältig durchgeführt werden, wodurch es zu sehr aufwendigen und zeitintensiven Prozessen gekommen ist. Dennoch war dieser Schritt unerlässlich und von großer Wichtigkeit, da die Qualität modellgestützter Analyseergebnisse immer nur so gut oder schlecht sein kann wie die Qualität der Datenbasis.

Bei der sich anschließenden Lösungsfindung (Phase der Mustererkennung) der zugrunde gelegten Fragestellungen am Beispiel des Medienversenders fanden verschiedene Analyseverfahren Anwendung. Neben der Ermittlung klassischer Kennzahlen wurden Muster in Daten durch Verfahren der Warenkorbanalyse und Anwendung eines Vorhersagemodells erkannt. Entsprechende Erkenntnisse konnten daraufhin im Rahmen weiterer Detailanalysen weiterverarbeitet werden.

Zur besseren Marketing- und Vertriebssteuerung ist eine eingehende Kundenanalyse unerlässlich. Hierfür sollten unterschiedliche Merkmale bestehender Kunden, wie beispielsweise Herkunft, erzielter Umsatz und Deckungsbeitrag mit dem jeweiligen Kunden, Bestellhäufigkeit, Bestellverhalten oder Kaufkraft näher betrachtet werden.

1.2.3 Warenkorbanalyse

Zunächst wurde eine auf dem Apriori-Algorithmus beruhende Warenkorbanalyse eingesetzt. Diese ist eine Sammlung von statistischen Analysemethoden zur Erstellung von Kundenprofilen, bei der ein Warenkorb die Menge aller gekauften Produkte im Rahmen einer Transaktion aufzeigt. Eine Transaktion wird demnach als ein Datensatz betrachtet, der sich aus mehreren Einzelpositionen zusammensetzt. Diese Einzelpositionen beziehungsweise Produkte können wiederum verschiedenen Produktgruppen zugeordnet werden.

Mit der Warenkorbanalyse kann beispielsweise ermittelt werden, welche Produktbündel am häufigsten in Verbindung zueinander gekauft werden oder welche Produkte zumeist mitbestellt werden, wenn ein bestimmtes Produkt x im Warenkorb aufzufinden ist. Dazu werden Regeln der Form „Wenn A, dann B“ aufgestellt. In diesem Fall handelt es sich bei A um die Prämisse, die auch als Antezedens oder Vorgänger bekannt ist, und bei B um die Konsequenz, die auch als Sukzedens oder Nachfolger bezeichnet wird. In diesem Zusammenhang nehmen sogenannte Interessantheitsmaße einen besonders hohen Stellenwert ein:

- Unterstützung (Support): In wie viel Prozent aller Transaktionen ist die Prämisse enthalten?
- Regelunterstützung: In wie viel Prozent aller Transaktionen ist die jeweilige Regel enthalten?
- Konfidenz: In wie viel Prozent aller Transaktionen, welche die Prämisse enthalten, ist auch die Regel im Gesamten enthalten?

Sukzedens	Antezedens	Unterstützung %	Konfidenz %	Regelunterstützu...
Fremdtitel	Buch	19,733	66,265	13,076
Buch	Fremdtitel	44,1	29,651	13,076
Fremdtitel	Pop-CDs	23,042	41,043	9,457
Pop-CDs	Fremdtitel	44,1	21,444	9,457

Tabelle 1.2: Ergebnisse der Interessantheitsmaße
Quelle: eigene Darstellung

Tabelle 1.2 nimmt Bezug auf das Fallbeispiel und zeigt, dass für ausgewählte Produktgruppen Regelunterstützungen bis zu einer Höhe von circa 13 % erreicht werden konnten. Die Regelunterstützung kann bei bekannten Werten für Support und Konfidenz auch als Produkt dieser beiden errechnet werden. Insbesondere Kombinationen wie Fremdtitel und Bücher oder Fremdtitel und Pop-CDs besitzen eine hohe Regelunterstützung und sind bei den Ergebnissen für das Fallbeispiel vermehrt vorzufinden.

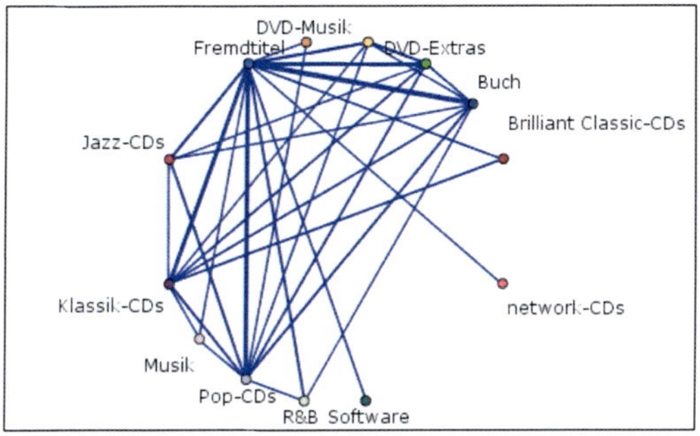

Abbildung 1.3: Darstellung von Produktzusammenhängen
Quelle: eigene Darstellung

Die Stärke derartiger Beziehungen zwischen Kombinationen können grafisch mit Hilfe eines Netzdiagramms verdeutlicht werden. Je stärker eine Beziehung ist, desto ausgeprägter ist die Verbindungslinie im Netzdiagramm zwischen den einzelnen Komponenten.

1.2.4 Kunden- und Werbeträgeranalysen mittels Predictive Modeling

Dass im Fallbeispiel eine Optimierung des Werbeträgerversands sinnvoll ist, ist im Rahmen einer Eingangsuntersuchung deutlich geworden. Hierbei wurde analysiert, welche Kunden einen Katalog erhalten und im Anschluss daran eine Bestellung aufgegeben haben. Das Ergebnis dieser Analyse hat gezeigt, dass lediglich etwa 6 % aller Kunden, die einen Katalog erhalten haben, auch wirklich bestellt haben. Dass aber gerade diese Kunden von besonderer Bedeutung für das Unternehmen sind, ist daran zu erkennen, dass allein durch sie circa 88 % des Gesamtumsatzes generiert wurden.

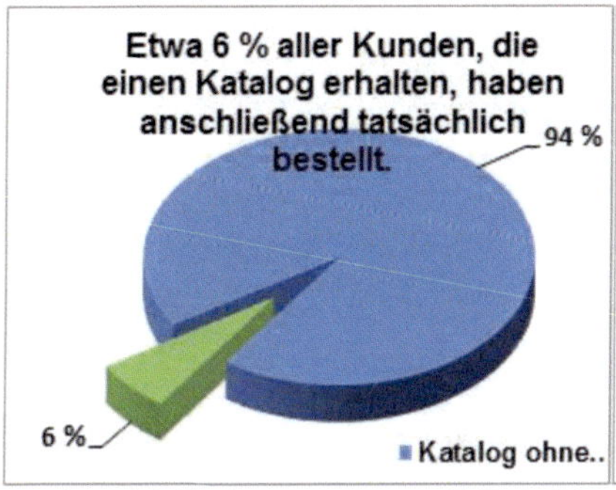

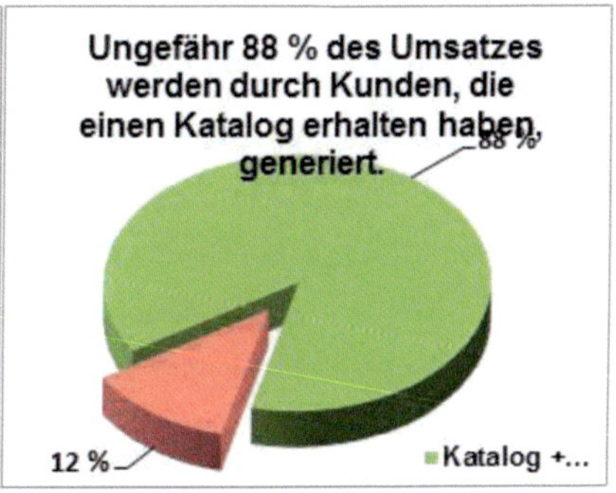

Abbildung 1.4: Werbeträgererfolg am Fallbeispiel
Quelle: eigene Darstellung

Um den Erfolg von Werbeträgern optimieren zu können, ist es notwendig, damit in Verbindung stehende Kundenmerkmale mittels geeigneter Analyseverfahren zu bestimmen. Für entsprechende Auswertungen werden vergangenheitsorientierte Analysen, wie z.B. die ABC-Analyse, oder immer häufiger prediktive Analysen des Data Mining (Predictive Modeling) eingesetzt.

Bezogen auf das Fallbeispiel, bei dem es um eine optimierte, zukunftsorientierte Selektion von Kundenadressen für den Werbekatalogversand geht, sollen Verfahren des Predictive Modeling in Verbindung mit einem Scoring Modell zum Einsatz kommen. Hierfür müssen zunächst Kundenmerkmale definiert und genauer untersucht werden. Häufig verwendete Merkmale sind dabei vor allem Größen wie Umsatz, Deckungsbeitrag oder Bestellhäufigkeit. Darüber hinaus können aber auch Merkmale hinsichtlich der Kundentreue definiert und berücksichtigt werden. Ein Ansatz dazu wäre beispielsweise die Untersuchung, wie lange eine Kundenbeziehung bereits Bestand hat und wie sich das Verhalten im Lauf der Zeit gestaltet und entwickelt hat.

1.2.4.1 Analyse mittels Entscheidungsbaumverfahren

Predictive Modeling in Verbindung mit Scoring Modellen kann in Abhängigkeit einer individuellen Gestaltung zur Lösung verschiedenster Fragestellungen beitragen. Für das Fallbeispiel und der Suche nach Optimierungsansätzen bei der Adressselektion von Kunden, die bestimmte Kataloge erhalten sollen, wurde ein spezifisches Modell entwickelt. Es basiert auf einer Klassifikation durch Entscheidungsbaumverfahren, wobei die zugrunde gelegten Ausgangsdaten in zwei Klassen eingeteilt wurden (Klasse 1: Kunde soll einen Katalog erhalten und Klasse 2: Kunde erhält keinen Katalog). Ein Entscheidungsbaum besteht grundsätzlich aus mehreren Komponenten:

- Baumwurzel (enthält die Gesamtheit aller Daten),
- Knoten (enthalten jeweils Teilmengen aus der Gesamtheit aller Daten),
- Verzweigungen / Kanten (repräsentieren die Attributs- bzw. Merkmalsausprägungen, anhand denen die Gesamtmenge in Teilmengen partitioniert wird),
- Blatt / Endknoten (besitzen keine weiteren Verzweigungen und ordnen die Daten den jeweiligen Klassen zu).

Nachdem passende Kundenmerkmale ausgewählt wurden, sind die entsprechenden Merkmalsausprägungen zu bestimmen, auf denen die Verzweigungen des Entscheidungsbaums aufbauen sollen. Zur Identifizierung geeigneter Merkmale sind in Verbindung mit den von dem Unternehmen zur Verfügung gestellten Daten zunächst Thesen formuliert worden, die anschließend untersucht und bestätigt werden sollten. Die zentralen Thesen lauteten:

1) Der Katalogversand führt vor allem in der ersten Hälfte einer Versandperiode (Zeit zwischen zwei Katalogen) zu einem erhöhten Kundenumsatz.
2) Der erhöhte Umsatz ist in jeder Versandperiode zu beobachten.

Um die Gültigkeit der Thesen zu belegen, wurde in einem weiteren Schritt der Umsatzverlauf über ein Jahr hinweg betrachtet. Das Erscheinen und Versenden von Katalogen wurde dabei mitberücksichtigt und mittels Pfeilen im Diagramm des Umsatzverlaufs markiert. Dadurch konnte die erste These bekräftigt werden, da zumeist kurze Zeit nach Erscheinen des Katalogs höhere Ausschläge des Umsatzes beobachtbar waren.

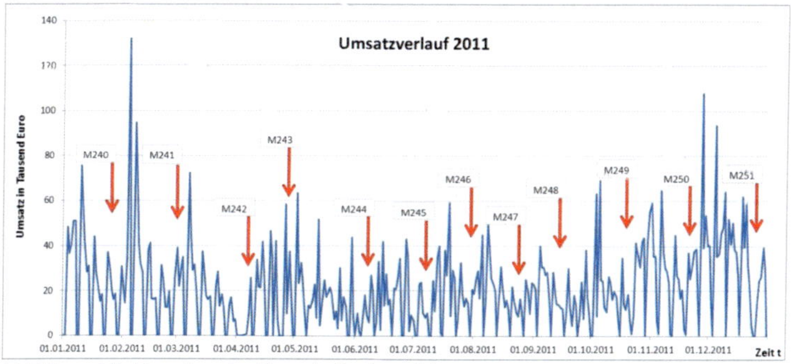

Abbildung 1.5: Umsatzverlauf innerhalb eines Jahres
Quelle: eigene Darstellung

Um die zweite These bestätigen zu können, wurden die zeitlichen Abschnitte zwischen zwei Erscheinungsdaten der Kataloge in eine separate Darstellung überführt. In dieser separaten Darstellung sind der Umsatzverlauf, der Verlauf des Deckungsbeitrags sowie eine auf dem Umsatz basierende, lineare Trendlinie vorzufinden.

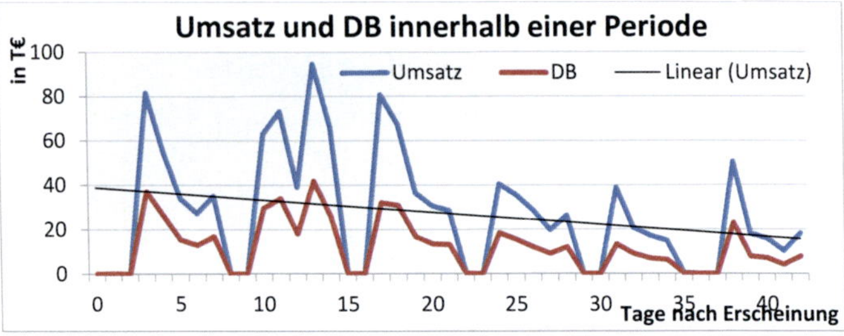

Abbildung 1.6: Umsatzverlauf nach Erscheinen eines Katalogs
Quelle: eigene Darstellung

Diese exemplarische Darstellung lässt erkennen, dass vorwiegend im ersten Abschnitt (40 %) einer Versandperiode (100 %) Umsatzspitzen bei einer gleichzeitig fallenden Trendlinie erreicht werden. Aufgrund der Tatsache, dass dieses Verhalten der Umsatz- und Deckungsbeitragsverläufe bei den meisten Perioden zu beobachten war, erfuhr auch die zuvor aufgestellte zweite These positive Unterstützung.

1.2.4.2 Analyse mittels Scoring Modell

Aufgrund der Trendanalyse konnte als Kundenmerkmal die Entscheidung abgeleitet werden, ob ein Kunde innerhalb des ersten 40 %-Abschnittes einer Katalogperiode bestellt hat oder nicht. Kunden mit der Entscheidung „Hat im ersten Abschnitt (40 %) bestellt" erhalten demnach die höchstmögliche, im Rahmen eines Scoring Modells definierte Punktzahl. Die starke Gewichtung im Vergleich zu anderen identifizierten Merkmalen spiegelt zusätzlich den hohen Stellenwert dieses Merkmals wieder. Diese unterschiedlich starke Gewichtung von Merkmalen wirkt sich bei der Merkmalsselektion des Entscheidungsbaumverfahrens insofern aus, dass stärker gewichtete Merkmale vor schwächer gewichteten ausgewählt werden und als Knoten des Entscheidungsbaums generiert werden.

Andere bei diesem Scoring Modell berücksichtigte Merkmale werden dabei von Kennzahlen gebildet, die mit dem Umsatz und vor allem dem Deckungsbeitrag in Bezug stehen. Der Deckungsbeitrag stellt hierbei eine besser geeignete, aussagekräftigere Vergleichsgrundlage dar. Zudem erhalten die Häufigkeit, mit der ein Kunde bestellt, sowie die Dauer des bestehenden Kundenverhältnisses als Merkmale Einzug in das Scoring Modell.

	40 %-Analyse	Drei-Katalog-Perioden-Analyse		Customer Lifetime Value Analyse				
Kunde	Zeitraum Bestellung nach Katalogversand	DB der letzten 3 Perioden	Umsatz der letzten 3 Perioden	DB Vorjahr	Umsatz Vorjahr	Anzahl Bestellungen Vorjahr	Kunde seit	Punkte gesamt
1	0,3	0,05	0,25	0,075	0,175	0,05	0,1	

Abbildung 1.7: Beispiel eines Scoring Modells zur Optimierung der Adressselektion
Quelle: eigene Darstellung

Anschließend wurden die Güte und Generalisierungsfähigkeit des Scoring Modells anhand von Vergangenheitsdaten stichprobenartig getestet. Bei den Testergebnissen konnte dabei eine Verbesserung der Erfolgsquote des Katalogversands festgestellt werden. Diese Erfolgsquote ist dabei der relative Anteil der Kunden, die einen Katalog erhalten und anschließend bestellt haben, an der Gesamtanzahl aller Kunden, die einen Katalog erhalten haben. Durch den Einsatz des neuen Modells konnte diese Quote auf etwa 12 % gesteigert werden, wobei der generierte Umsatz auf etwa gleicher Höhe gehalten werden konnte. Das bedeutet, dass trotz Versenden einer geringeren Auflage an Katalogen, dennoch ein hohes Umsatzniveau erreicht wurde. Auf diese Art und Weise wurde der Kreis derjenigen Kunden, die aufgrund eines Kataloges bestellen, stärker eingeschränkt.

Der in Verbindung mit dem Scoring Modell generierte Entscheidungsbaum soll sicherstellen, dass auch zukünftig eine möglichst optimale Adressselektion erreicht werden kann. Hierfür wird jeder Kunde mit seinen individuellen Merkmalen betrachtet. Anhand des Entscheidungsbaums kann dann anschließend jeweils die Entscheidung getroffen werden, ob der entsprechende Kunde einen Katalog erhalten soll oder nicht.

1.3 Fazit

Durch die Ermittlung und Nutzung von in Daten enthaltenen Informationen können unterschiedliche Optimierungspotentiale entdeckt und idealerweise realisiert werden. Um das Erkennen wertvoller Informationen und Muster in Daten zu ermöglichen, ist das Sammeln, Speichern und anschließende Aufbereiten von Daten zum Zwecke der Datenanalyse unerlässlich. Dies wird von vielen Unternehmen erkannt und zunehmend praktiziert.

Analyseverfahren, die speziell auf das Verarbeiten von großen Datenmengen ausgerichtet sind, gewinnen derzeit an hoher Bedeutung und erhalten immer häufiger Einzug in die Aufgabengebiete des Controllings. Leistungsfähige Technologien, deren Einsatz sich vor allem bei großen Datenmengen eignet, bietet im Hinblick auf Business Intelligence vor allem das Analyseverfahren Data Mining. Die große Bedeutung, die Business Intelligence zukommt, haben auch Unternehmen des Mittelstands erkannt. Dies belegt eine Studie des Business Application Research Center (BARC) aus dem Jahr 2012.[9] Demnach hat die große Mehrheit der Befragten (83 %) bereits in eine BI-Lösung investiert. Im Vergleich dazu war im Jahre 2007 erst bei der Hälfte der befragten Unternehmen eine BI-Anwendung vorzufinden. Dies zeigt, dass die Verbreitung von BI-Anwendungen in den letzten Jahren deutlich zugenommen hat.

Allerdings sind nicht alle Anwendungen und Verfahren generell und allgemein anwendbar. Vielmehr muss die jeweilige Problemstellung und das damit einhergehende, zu erreichende Ziel fallspezifisch definiert werden. Bereits im Voraus sollten Fragestellungen festgelegt und mögliche Ergebnisse diskutiert werden. Es sollte zudem ein potentieller Nutzenzugewinn abgeschätzt werden. Dies führt eher zu zielgerichteten Aussagen und bewahrt vor allzu hohem Ressourceneinsatz hinsichtlich Zeit, Geld oder Arbeitskraft.

[9] Vgl. Bange/Mack/Seidel (2012).

Literaturverzeichnis

Bange, C./Mack, M./Seidel, L. (2012): Business Intelligence im Mittelstand 2011/2012 – Status quo, Ausblick und Empfehlungen, in: BARC-Institut (Hrsg.), Research Studie, Würzburg 2012.

Enzyklopädie der Wirtschaftsinformatik (2012): Methoden für analytische Informationssysteme, Oldenburg Wissenschaftsverlag – Online Dokument.

Fayyad, U./Piatesky-Shapiro, G./Smyth, P. (1996): The KDD Process for Extracting Useful Knowledge from Volumes of Data, in: Association for Computing Machinery (ACM) (Hrsg.), Communications of the ACM Vol. 39, No 11, New York 1996, S.27-34.

Gabler Wirtschaftslexikon (2010): Stichwort: Business Intelligence, S. 568; Gabler Verlag, Wiesbaden 2010.

Härting, R.-C./Steinecker, M. (2008): Business Intelligence – Neue Marktpotentiale im Mittelstand, in: OXYGON Verlag (Hrsg.), is report 9/2008, S. 51-53.

Han, J./Kamber, M. (2006): Data Mining – Concepts and Techniques, 2. Aufl., Morgan Kaufmann, San Francisco 2006.

Kemper, H.-G./Mehanna, W./Unger, C. (2004): Business Intelligence – Grundlagen und praktische Anwendungen: Eine Einführung in die IT-basierte Managementunterstützung, Vieweg, Wiesbaden 2004.

2 Controlling im Medienversandhandel

Ralf-Christian Härting, Ralph Koch

2.1 Einführung

Ähnlich wie sich im Lauf der Jahrzehnte die Medien und mit ihnen die Inhalte (Content) gewandelt haben, veränderte sich auch die Struktur der Medienindustrie. Es entstanden mehrstufige Verwertungsketten, die den Inhalten, die sich u.a. auch in entsprechenden Lizenzen an Büchern, Software, Film- oder Musikproduktion widerspiegeln, eine zunehmende Bedeutung zuweisen. Dies zeigt sich nicht zuletzt auch an vielen Medienhändlern, die Lizenzen für eine breite Auswertung zu erwerben versuchen. Für viele Medienhändler stellt sich damit die Frage, wie attraktiver Content, Lizenzen und natürlich passende Vertriebswege effizient gesteuert werden können. Die einschlägige Literatur bietet zum Thema „Controlling im Medienhandel" bisher kaum Veröffentlichungen. Die nachfolgenden Ausführungen greifen das Thema auf und erläutern am Fallbeispiel mögliche Implikationen für das Controlling im Medienhandel, insbesondere im Medienversand.

2.2 Kennzeichnung des Medienhandels

Wir leben in einer globalen Wirtschaft, die durch ein rasantes Wachstum des Informationssektors gekennzeichnet ist.[1] Die Medienindustrie wird dabei nicht ohne Grund als wichtigste Branche des Informationssektors bezeichnet, da sie zunehmend auch in anderen Branchen am Wertschöpfungsprozess beteiligt ist. Medienproduzenten erzeugen und kombinieren im Vorfeld Informations- und Unterhaltungsinhalte zu einem marktreifen Medienprodukt (Content Packaging). Der Content als ‚marktreifes Medienprodukt' wird dabei an ein Medium gekoppelt und als Produkteinheit (z.B. DVD) über den Medienhandel distribuiert. Der Medienproduzent steht hier also als Synonym für die Produktion und die Vermarktung von Content. Der Medienhandel ist auf den Vertrieb an den Endkonsumenten fokussiert. Ausgehend vom Content lassen sich Medienunternehmen (Produzenten und Handel) drei Sektoren zuordnen.

---

[1] Vgl. Härting/Koch (2007).

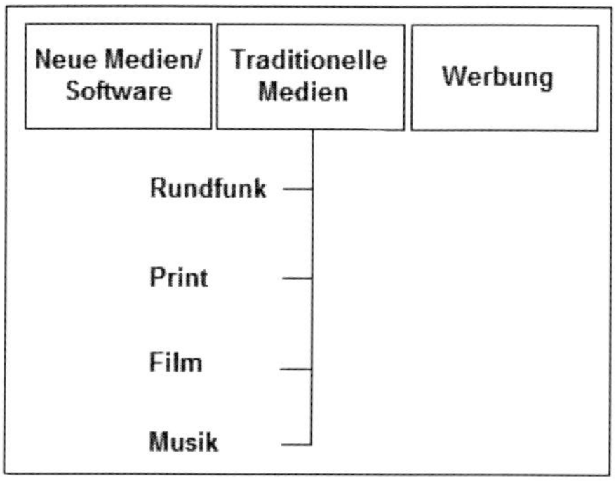

Abbildung 2.1: Struktur der Medienindustrie
Quelle: Härting/Koch (2007)

Wie Abbildung 1.1 verdeutlicht,[2] gehören zum Kernsektor der Medienindustrie die traditionellen Medien mit den Branchen „Film", „Musik", „Print" und „Rundfunk". Aufgrund ihrer langen Historie und ihrer Content-Tiefe hat sich dieser Sektor als besonders substantiell erwiesen. Er dient nicht zuletzt auch den anderen Sektoren „Neue Medien / Software" und „Werbung" als wichtiger Content-Lieferant. Im Folgenden werden aus dem Kernsektor die beiden Branchen „Film" und „Musik" näher beleuchtet.

2.2.1 Branchenstruktur

Die Filmwirtschaft besteht aus mehreren, nacheinander geschalteten Wert-schöpfungsstufen. Dies beginnt mit der Produktion (z.B. von Filmen, Videos und TV-Programmen), geht über den Filmverleih (Filmrechtehandel) sowie über spezielle Vertriebskanäle (z.B. TV-Sender) und mündet in die Endnachfrage. Typisches Kennzeichen der Filmbranche ist dabei, dass der Endkonsument häufig über eine Erst-, Zweit- oder sogar Drittverwertung (zuerst Kino dann Handel und zuletzt TV) bedient wird. In der Musikbranche beherrschen nur noch drei Tonträgerfirmen, die so genannten Majorlabels (Sony, Universal und Warner), weitgehend den Weltmarkt für die Verwertung von Musikproduktionen. Vergleichbar zur Filmwirtschaft setzt sich die Struktur der Musikbranche ebenfalls aus der Herstellung von Musikproduktionen, dem Rechtehandel, dem Vertrieb sowie dem Bereich der Endnachfrage über den Medienhandel zusammen (vgl. Abbildung 1.2).[3]

---

2 Vgl. Härting/Koch (2007).
3 Vgl. Härting/Koch (2007).

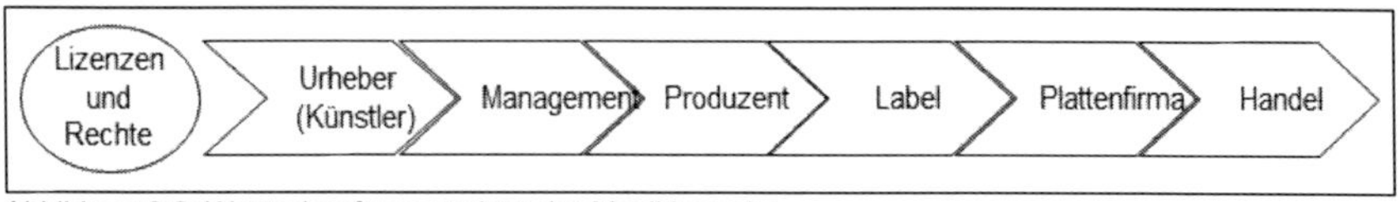

Abbildung 2.2: Wertschöpfungsstruktur der Musikbranche
Quelle: Härting/Koch (2007)

2.2.2 Medienökonomische Besonderheiten

Medienprodukte können durch ihre Kostenstruktur charakterisiert werden, welche sich deutlich von der jeweiligen Kostenstruktur anderer Industrien unterscheidet. Die Kosten teilen sich auf in einen hohen Fixkostenbetrag für Lizenzen oder für die Erstellung einer Urkopie sowie in die geringeren Kosten für weitere Kopien, deren Höhe von dem verwendeten Medium, der Kopiertechnologie und der Auflage abhängt.[4] In dieser Urkopie oder First-Product-Copy sind z.B. Fixkosten in Form von Kosten für die Informationsbeschaffung, Produktion, für redaktionelle Tätigkeiten oder etwa für Marketing enthalten. Für die Kosten der Urkopie ist es unerheblich für wie viele Rezipienten letztendlich produziert wird. Das eigentliche Medienprodukt wird anhand von Kopien aus der Urkopie repliziert und an beliebig viele Rezipienten vertrieben. Dies hat bei steigendem Absatz fallende Stückkosten zur Folge, was zu ausgeprägten Größenkostenersparnissen bzw. zu sogenannten Economies of Scale führt (vgl. Abbildung 2.3).

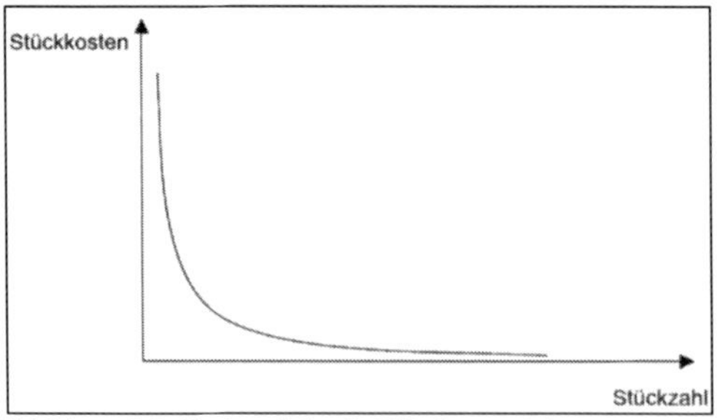

Abbildung 2.3: Skaleneffekte bei Medienprodukten
Quelle: eigene Darstellung

Der First-Copy-Effekt wird auch gerne vom Medienhandel genutzt. Aufgrund niedriger Stückkosten gelingt es aufmerksamen Händlern, interessante Restbestände zu weit unter den marktüblichen Preisen einzukaufen.

[4] Vgl. Katzenbach (2006).

Als weitere Besonderheit der Medienbranche gelten Replikationseffekte bzw. Multiplikatoreffekte, die z.B. im Buchbereich durch Weiterempfehlungen von Meinungsführern entstehen. Darüber hinaus sind für Medienmärkte auch Netzeffekte typisch. Hierbei erhöht sich der Wert eines Medienproduktes (z.B. Dienste der sozialen Medien) für den Einzelnen mit zunehmender Nutzerzahl dieses Produktes. Netzeffekte sind nicht zuletzt auch ein wichtiges Kennzeichen von elektronischen Plattformen im Medienversand, die einer Steuerung seitens des Controllings bzw. des Webcontrollings bedürfen. Als abschließende Besonderheit ist noch die Eigenschaft von Medienprodukten als Erfahrungsgut zu nennen. Bei Erfahrungsgütern kann der Wert für den Konsumenten ex ante nicht beurteilt werden. Erst bei oder nach dem Konsum ist eine Beurteilung möglich. Das Risiko ist also für den Konsumenten höher als bei den so genannten Inspektionsgütern, die vor dem Kauf beurteilt werden können. Mit gezieltem Imageaufbau wird im Medienhandel versucht dem zu begegnen.

2.3 Medienversand

Im Folgenden wird als Fallbeispiel das Unternehmen Zweitausendeins Versand GmbH aufgegriffen. Das Medienversandhaus wurde 1969 in Frankfurt am Main gegründet und versteht sich als Kulturversand für günstige und anspruchsvolle Bücher, Filme und Musik. Aktuell werden mehr als 10.000 Produkte im Sortiment geführt. Verkauft werden sowohl Handelsware, als auch Eigenverlagsartikel in den Bereichen Buch, Film und Musik. Schwerpunkte im Bereich Buch bilden Sachbücher, Klassiker sowie Belletristik und Krimis. Der Bereich Musik fokussiert vor allem Klassik und Jazz, während der Bereich Film maßgeblich von den Kategorien Eigenedition, Internationaler Film, Deutscher Film sowie Dokumentationen und Musik geprägt wird.

2.3.1 Vertriebswege

Im Medienversand werden von Zweitausendeins alle gängigen Vertriebswege des B2C-Geschäfts genutzt, wobei der stationäre Handel hier traditionell noch eine große Rolle spielt. Im Rahmen von 14 eigenen Läden und 17 stationären Kooperationspartnern (Shop-in-Shop-Lösungen), wird Kunden deutschlandweit eine aktuelle Auswahl von Produkten aus eigenem, aber auch aus fremden Sortiment, angeboten.

Abbildung: 2.4: Werbekatalog – Merkheft
Quelle: eigene Darstellung

Zweites Standbein des Medienversenders ist der Katalog, „Merkheft“ genannt (Abbildung 2.4). Dieses erscheint monatlich mit einer Auflage von bis zu 250.000 Stück und einem Umfang von ca. 200 Seiten. Dadurch wird das Ziel verfolgt, dem Interessenten eine möglichst aktuelle und breite Auswahl an Produkten zu bieten.

Das dritte Standbein, welches gleichzeitig den jüngsten Vertriebsweg darstellt, ist der Online Shop, der den digitalen Vertrieb abdeckt (Abbildung 2.5). In diesem Online Shop sind mehr als 10.000 Artikel gelistet und es sind täglich bis zu 130.000 Seitenaufrufe möglich. Der dazugehörige Newsletter („Merkmail“) wird dreimal in der Woche an etwa 140.000 Empfänger verschickt, wodurch ein einflussstarkes Instrument des Direktmarketings zum Einsatz kommt.

Abbildung 2.5: Internetverkauf – Online Shop
Quelle: eigene Darstellung

2.3.2 Kunden

Ein Kunde des Medienversenders ist in der Regel zwischen 35 und 65 Jahre alt. Dabei sind etwa zwei Drittel aller Kunden männlich und nur ein Drittel weiblich. Zudem sind der Akademikeranteil, wie auch die Einkommenshöhe, überdurchschnittlich hoch. Das Kundenportfolio ist vorwiegend von Universitätsangestellten, Lehrern, Ärzten, Musikern oder Angestellten im öffentlichen Dienst geprägt. Die Kundenklientel ist zudem überaus kultur-, musik-, literatur-, film- und politikinteressiert. Mit dieser Vorsegmentierung des Kundentyps lassen sich erste Überlegungen hinsichtlich des Marketing Mix (hier insbesondere die Kommunikationsstrategie und Produktpolitik) anstellen, um entsprechende Verkaufserfolge zu erzielen.

2.4 Erfolgsfaktoren und Implikationen

Noch deutlicher wird das Geschäftsmodell der Zweitausendeins Versand GmbH, wenn man sich Erfolgsfaktoren im Medienversand anschaut. Dabei lassen sich quantitative und qualitative Erfolgsfaktoren unterscheiden.

2.4.1 Quantitative Erfolgsfaktoren

Ausgesprochen wichtige quantitative Erfolgsfaktoren finden sich in Nutzungsintensität und Erfolgsbeitrag alternativer Vertriebswege. Im Beispielunternehmen werden die Vertriebswege Kataloggeschäft, stationärer Handel und E-Commerce genutzt. Dies impliziert eine Steuerung über sich deutlich unterscheidende Mengengerüste. Ist in Bezug auf das Kataloggeschäft vor allem die Rede von Auflagenhöhe, Seitenanzahl des Kataloges und Adressoptimierung, sind im Filialgeschäft Kennzahlen gefragt, die sich mit der Sortimentsbreite und –tiefe auf gegebenem Raum beschäftigen. Im Online Shop hingegen sind Fragen, die sich mit den Themen „Traffic Optimierung“ oder „Verbesserung der Conversion“ beschäftigen, von besonderer Wichtigkeit. Aber auch klassische, organisatorische Fragestellungen, wie z.B. Entscheidungen hinsichtlich Eigen- bzw. Fremdvergabe, sind wichtig. Aufgrund Ihrer Economies of Scale sind Logistikanbieter in diesem Segment in aller Regel deutlich effizienter als eine Eigenlogistik.

Eine Strategie mit der eine Kosten- und Preisführerschaft angestrebt werden soll, setzt eine „Marktmacht“ voraus, um entsprechend günstige Einkaufskonditionen zu erreichen. Bei Büchern erfordert dies zusätzlich, dass es sich um nicht mehr preisgebundene Medien handelt. Können in diesem Zusammenhang die mengenmäßig hohen, eingekauften Bestände nicht innerhalb einer kurzen Zeitspanne umgesetzt werden, erhöht sich das Risiko hoher Bestandsvolumina über längere Zeiträume. Letztlich handelt es sich dabei um einen klassischen Zielkonflikt in Marketing und Vertrieb. Es ist stets zwischen hohen Stückdeckungsbeiträgen bzw. Margen auf der einen Seite und einer erhöhten Kapitalbindung auf der anderen Seite abzuwägen.

2.4.2 Qualitative Erfolgsfaktoren

Im Mediengeschäft sind darüber hinaus auch qualitative Faktoren von Bedeutung. Hierzu gehören beispielsweise immaterielle Faktoren wie Lizenzen oder Inhalte. Wie jeder Medienversender versucht auch Zweitausendeins in den gegebenen Segmenten möglichst attraktiven Content bereit zu halten. Sofern dieser exklusiv über Eigenverlag, Verlagsbindung oder Aufkauf kompletter Restbestände angeboten werden kann, führt das zu oft langfristigen Wettbewerbsvorteilen gegenüber der Konkurrenz. Ein weiterer qualitativer Erfolgsfaktor ist selbstverständlich der Kunde, der im Medienversand häufig als zentraler, strategischer Faktor verstanden wird. Dies impliziert große Herausforderungen bei Aufbau und Pflege des Kundenstamms. Ein dauerhaft bestehender Kundenstamm von mehreren zehntausend Kunden muss permanent weiterentwickelt werden und Kunden müssen auf den verschiedenen Vertriebswegen entsprechend der individuellen Vorlieben angesprochen werden. Hier können aus dem Umfeld Big Data u.a. Methoden des Data Mining eingesetzt werden, um den (Kunden-)Wert für das Unternehmen zu erhöhen.[5]

2.5 Operative Steuerung

Der Unternehmenserfolg muss darüber hinaus aber auch im operativen Bereich sichergestellt werden. Neben den klassischen handelsrechtlichen Hilfsmitteln der Gewinn- und Verlustrechnung, der Bilanz und der Kapitalflussrechnung, werden vor allem auch betriebswirtschaftliche Methoden des internen Rechnungswesens und Controllings genutzt. Im Einzelnen sind hier die Datenermittlung und Datenaufbereitung über die drei Stufen der Kostenrechnung (Kostenarten-, Kostenstellen- und Kostenträgerrechnung) zu nennen. Im Rahmen der Kostenträgerrechnung bietet sich z.B. eine mehrstufige Deckungsbeitragsrechnung hinsichtlich der vorhandenen

[5] Vgl. Härting/Walter (2013).

Vertriebswege an. Daraus kann der Unternehmenserfolg der jeweiligen Sparten bis hin zur einzelnen Filiale (Vertriebsweg Filialgeschäft) abgeleitet werden.

Die Steuerungsfunktion wird durch regelmäßiges Gegenüberstellen der Ist-Daten mit den jeweiligen Planungsdaten sichergestellt. Durch die Analyse von etwaigen Abweichungen auf den jeweiligen Stufen (vom verlegerischen Mengengerüst über Umsatz, variable Kosten, Fixkosten bis zum unternehmerischen Gesamterfolg) wird eine frühzeitige Gegensteuerung bzw. Korrektur ermöglicht.

Ein weiterer Schwerpunkt ist die Vor- und Nachkalkulation von Produkten, Einkaufsgeschäften oder ganzen Produktreihen, die im Eigenverlag erscheinen. Die Kalkulation erfolgt auf Basis einer Stück- und Gesamtkalkulation, die im Prinzip auf der oben beschriebenen mehrstufigen Deckungsbeitragsrechnung basiert. Den Plangrößen werden die entsprechenden Ist-Größen nach einem bestimmten Zeitablauf gegenübergestellt, um feststellen zu können inwieweit ein Produkt erfolgreich war. Fixkosten werden bei diesem Konzept nicht mit einbezogen, hingegen dient ein Soll-Deckungsbeitrag als Benchmark.

Neben der laufenden Vorkalkulation wird einmal jährlich auf Unternehmensebene für das Folgejahr geplant. Dieses sich aus mehreren Teilplänen zusammensetzende Planungsaggregat basiert auf der Bilanz sowie der betriebswirtschaftlichen Erfolgs- und Kapitalflussrechnung. Beispiele hierfür sind:

- Planung der Absätze und Umsätze von Buch, Musik und Film auf die Vertriebswege Filiale, Kooperationen, Webshop und Versand,
- Planung der variablen Kosten, Einzelkosten und Fixkosten (Overhead bzw. Personal- und Sachkostenplanung) pro Vertriebsweg und für die Zentrale,
- Planung der Einkäufe und Bestände,
- Planung der Forderungen und Verbindlichkeiten,
- Honorarinvestitionen,
- Anlagespiegel (Zugänge, z.B. Software zur Planung und Steuerung, Abgänge, AfA),
- Rückstellungen (Zuführung, Auflösung, Inanspruchnahme, von bspw. Provisionen Filialleiter),

- Absätze, Umsätze und Durchschnittserlöse von Buch, Musik, Film und sonstige für die Bereiche Handelsware, Sonderdeals, Eigenverlag, Backkatalog und Verlage im Vertrieb.

Neben diesen eher traditionellen betriebswirtschaftlichen Methoden kommen noch zahlreiche Steuerungstools zum Einsatz, die sich mit der Optimierung wesentlicher Fragestellungen des Geschäftsmodelles auseinandersetzen. So ist es z.B. wichtig sich mit jedem Katalogversand die Frage zu stellen, wer diesen im Einzelnen erhalten sollte. Bei einer sehr hohen Auflage von bis zu 250.000 Stück pro Monat liegt die Schussfolgerung nahe, möglichst nur diejenigen Kunden mit dem Katalog zu beliefern, die infolge eines Produktkaufs die entstandenen Kosten für Druck und Versand abdecken. Dabei müssen auch die Kosten gedeckt werden, die durch den Katalogversand an nicht bestellende Kunden angefallen sind. Hierzu wird vor jeder Aussendung ein entsprechendes Modell angewendet, um ein optimales Druck- und Versandaufkommen zu erreichen. Ferner sollen Warenkorbanalysen aufzeigen, wie sich das gekaufte Produktsortiment zusammensetzt bzw. mit der Zeit entwickelt. Hierbei soll die Frage nach dem optimalen „Content" gelöst werden. Diese beispielhaften Fragestellungen sind im Rahmen des Einsatzes entsprechender Verfahren aus dem Bereich der Business Intelligence zu lösen.[6]

[6] Vgl. Härting/Walter (2013).

Literaturverzeichnis

Härting, R./Koch, R. (2007): Controlling von Rechten und Lizenzen am Beispiel der Medienbranche, in: Bischof, J. / Fredersdorf, F. (Hrsg.): Mit weichen Werten zum Erfolg – Praktikable Instrumente für das Controlling immaterieller Vermögenswerte, Symposion Publishing GmbH.

Härting, R./Walter, I. (2013): Business Intelligence im Medienversandhandel – Data Mining Analysen für die Vertriebs- und Marketingsteuerung: in: HÄRTING, R. (Hrsg.) Marketing- und Vertriebssteuerung, Aalen 2013.

Katzenbach C. (2006): Die Filmwirtschaft und Breitband-Internet, Eine medienökonomische Einordnung, http://data.katzenbach.info/txt/film.pdf (Dezember 2006).

3 Lösungen mit Zukunft – Vertriebssteuerung und Controlling im Dienstleistungssegment

Andreas Belau

3.1 Einleitung

„Der Dienstleistungssektor nimmt eine herausragende Stellung in der deutschen Volkswirtschaft ein. Dienstleistungen - Handel, Gastgewerbe, Verkehr und Nachrichtenübermittlung, Kredit- und Versicherungsgewerbe, Unternehmensdienstleistungen sowie öffentliche und private Dienstleister sind zur vorrangigen Erwerbsquelle geworden. 2009 erreichte der Anteil der Erwerbstätigen im Dienstleistungssektor 73% an der Gesamterwerbstätigkeit in Deutschland.[1]

Inzwischen erfasst die Dienstleistung nicht nur die klassischen Branchen. Eine zunehmende Vernetzung von Technologie und Kommunikation, ein zielorientierter Problemlösungsbedarf auf Kundenseite und die durchdringende Produkttransparenz im Markt, führt zu einer wachsenden Bedeutung der im Geschäftsprozess involvierten handelnden Personen. Ergänzend beschränken sich die Geschäfts- und Lieferkontakte immer seltener auf das klassische, singuläre Produkt. Die Nebenleistungen stellen ebenfalls eine wesentliche Rolle in der endgültigen Kontraktentscheidung dar. Durch die inzwischen sehr umfangreich angebotenen Produkte und einer hohen Vergleichbarkeit in deren Leistungsvermögen müssen sich die Leistungen häufig auch außerhalb der Kernleistung differenzieren. After-Sale-Service, Produktschulung, funktionsfähige Systeme statt einzelner Komponenten sind hierzu nur einige Schlagworte.

3.2 Was ist eine Dienstleistung?

„Eine Dienstleistung ist jede Aktivität mit einer Mischung aus materiellen und immateriellen Ergebnissen, die mit dem Ziel der Bedürfnis- oder Wunschbefriedigung von Konsumenten auf einem Markt angeboten wird.“[2] „In Abgrenzung zur Warenproduktion (materielle Güter) spricht man bei den Dienstleistungen von immateriellen Gütern.“[3]

Somit begrenzen sich die Notwendigkeiten der Dienstleistung inzwischen bei Weitem nicht mehr auf die klassischen Branchen. Bald jeder geschäftliche Kontakt umfasst

[1] Bundesministerium für Wirtschaft und Technologie (2011).
[2] Onpulson (2011).
[3] Wirtschaftslexikon (2011).

neben dem Produkt dann auch die persönliche Note der handelnden Personen, die Nebenleistungen sowie das Vertrauen in das Unternehmen zur Herstellung einer ganzheitlichen Lösung.

Wegen der Bedeutung dieser Nebenleistungen, welche sehr häufig im Vertrieb angesiedelt oder dort verhandelt werden, ist dieser gesamtheitliche Ansatz zwingend in das Controllingkonzept des Unternehmens zu integrieren. Hierbei kommt es zu etlichen Kollisionen mit den klassischen Controllingansätzen.

3.3 Grundlagen des Controllings

Das klassische Controlling basiert auf der Steuerung über einen kybernetischen Regelkreis:

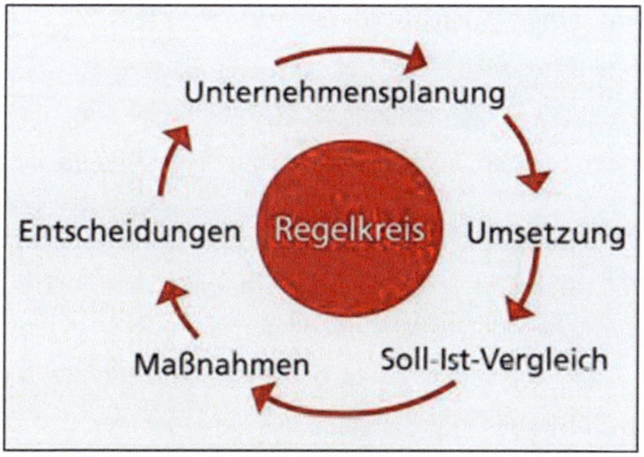

Abbildung 3.1: Kybernetischer Regelkreis
Quelle: eigene Darstellung

Es erscheint klar, dass ein funktionierendes Controllingsystem eines Ziels als Ausgangsposition bedarf. Doch dieses ist im Vertrieb deutlich schwerer bzw. unkonkreter zu bestimmen als in den üblichen Bereichen.

Im Vertrieb ist das Produkt die Dienstleistung und der Mensch selbst!

3.4 Der erste Baustein im Vertriebscontrolling – Der Marketingplan

Ausgehend von der Bedeutung des Menschen im Vertrieb sind die Ziele daher nicht nur in Zahlen als Kenngrößen zu fassen, sondern nach meinem Verständnis auch in einem Marketingplan.

Ein Marketingplan legt aus Kundensicht die Grundlage für die emotionale Wahrnehmung des Unternehmens, der Mitarbeiter des Unternehmens, deren Leistungsfähigkeit und zuletzt natürlich auch für die Qualität des Produktes selbst.

Beispielhafte, praxisorientierte Eckpunkte eines Marketingplans:

- Relationship-Marketing (Netzwerke, Kontakte, Kundenbindung)
- Veranstaltungen (fachlich, kulturell, Unterhaltungswert)
- Vorträge (Fachreferenten, Geschäftspartner, Transfertage Hochschule, Dozententätigkeit)
- Homepage (Informationen über Aktivitäten, Mitarbeiter und Produkte)
- Firmenzeitschriften, Newsletter (automatische Informationsmitteilungen an ausgewählte Geschäftspartner, Eyecatcher)
- Öffentlichkeitsarbeit (Fachpresse, regionale Presse, Raum für Themen rechts und links des Kerngeschäftes)
- Corporate Identity, Bildsprachekonzept (einheitliches äußeres Bild, Mit-arbeiterauftreten beim Kunden, schriftliche und mündliche Ansprachen)

Stellten wir uns gerade noch die Frage, welche Softfacts die Ziele des Vertriebs begründen, ist sie mit der Aufstellung des Marketingplanes beantwortet. Die Dienstleistung ist ein ökonomisches Gut, welche neben dem Produkt auch einen hohen emotionalen Anteil hat. Nur im Rahmen eines ganzheitlichen Auftretens gewinnt der Geschäftspartner das Vertrauen in die Person, das Unternehmen und zuletzt in das Produkt.

Eine zukunftsweisende Steuerung des Vertriebs erfolgt daher mit der Errichtung und Umsetzung eines Marketingplans.

3.5 Der zweite Baustein Vertriebscontrolling – Die Zahlenwelt

Das Vertriebscontrolling ist nicht nur eine Vorgabe, wie das Controlling häufig missverstanden wird. Vielmehr dient das Controlling als wesentliches Informationssystem zur Unternehmenssteuerung.

Das Vertriebscontrolling sind die Augen und Ohren des Controllers am Markt!

Das allgemeine Verständnis des Controllings ist produktgeprägt. Häufige Fra-gestellungen lauten:

- Wie hoch ist der Rohertrag des Produkts, der Abteilung oder der des Unternehmens?
- Wie viele Produktivstunden leistete das Unternehmen?
- Welchen Break-Even-Umsatz muss das Unternehmen erreichen?
- Wie hoch ist der Stundensatz?

Aus diesen und noch vielen weiteren Fragestellungen besteht der Alltag im Controlling. Doch diese Fragestellungen und vor allem auch deren Antworten sind produktorientiert. Antworten für ein effektives (= wirksames) Vertriebscontrolling oder eine aktive Vertriebssteuerung ergeben sich hieraus kaum.

Im Vertrieb richtet sich der Fokus nur allzu selten in Richtung einer Kundenergebnisrechnung. Mehrstufige Deckungsbeitragssysteme bestehen sehr häufig und mit hoher Präzision. Doch eine Aussage für die beiderseitige Einschätzung des Vertriebs resultiert hieraus kaum.

3.6 Unterschiede zwischen Produkt- und Kundenorientierung

3.6.1 Ergebnisrechnung

Eine praxisnahe – kundenorientierte – Ergebnisrechnung stellt sich beispielsweise wie folgt dar:

Umsatzerlöse	**100.000**
./. Sondereinzelkosten Vertrieb (Fahrtkosten, Reisespesen etc.)	6.000
./. Erlösschmälerungen	4.000
= Deckungsbeitrag I (DB I)	**90.000**
./. Kundenspezifische Promotion (WKZ, Zuschuss ect.)	3.000
= DB II	**87.000**
./. Angebotserstellung, Auftragsbearbeitung	62.000
= DB III	**25.000**
./. Forderungsmanagement, Forderungsausfälle	0
= DB IV	**25.000**
./. Telefonsupport, Mitarbeiter Vor-ort etc.	4.000
= DB V	**21.000**
./. Lieferantenkredit, Schufa, Finanzierung etc.	1.000
=DB VI	**20.000**

Tabelle 3.1: Beispiel einer kundenorientierten Ergebnisrechnung
Quelle: eigene Darstellung

In der Regel laufen diese Aufwendungen in den Gemeinkosten oder in Kostenarten mit Sammelcharakter zusammen. Aber es sind genau diese Faktoren, die Informationen über den Vertrieb gewährleisten und dem Vertrieb auch wertvolle Unterstützung leisten.

- Welche Einzelkosten hat man tatsächlich, um einen Kunden zu akquirieren?
- Welcher Aufwand bildet sich zur Kundenpflege im Unternehmen ab?
- Muss die zu liefernde Ware speziell verpackt, versichert, finanziert o.ä. werden?

Diese Informationen sind sowohl für den Vertrieb als auch für die Unternehmensführung von erheblicher Bedeutung und stellen signifikante Sachverhalte bei der Vertriebssteuerung dar.

In der Regel ist die Kostenrechnung oder die Ergebnisrechnung analog dem Wertschöpfungsprozess aufgebaut. Dadurch ergibt sich zwangsläufig ein Zielkonflikt, der in der Praxis häufig nicht erkannt, aber lösbar ist.

Dienstleistung: Aufbau der Kostenlogik entspricht der Marktbearbeitung

Produkt: Aufbau der Kostenlogik entspricht der Prozessstruktur

Im Vergleich von typischen Deckungsbeitragsrechnungen fallen die Unterschiede schnell auf:

Umsatzerlöse **Produkt A**
./. Wareneinkauf (Rohstoffe etc.)
= DB I
./. Personalkosten
= DB II
= Raumkosten
= DB III
./. Variable Kosten, mengenabhängig
= DB IV
./. Unternehmensfixkosten, umsatzabhängig
= DB V
./. Finanzierungskosten
= DB VI
./. Neutrale Aufwendungen
= Ergebnis je **Produkt(-gruppe)**

Umsatzerlöse **Kunde A**
./. Sondereinzelkosten Vertrieb
./. Erlösschmälerungen
= Deckungsbeitrag I (DB I)
./. Kundenspezifische Promotion
= DB II
./. Angebotserstellung, Auftragsbearbeitung
= DB III
./. Forderungsmanagement, Forderungsausfälle
= DB IV
./. Telefonsupport, Mitarbeiter Vor-ort etc.
= DB V
./. Lieferantenkredit, Schufa, Finanzierung etc.
= Ergebnis je **Kunden(-gruppe)**

Tabelle 3.2: Beispiele Deckungsbeitragsrechnungen
Quelle: eigene Darstellung

3.6.2 Sales-Cycle

Ein weiterer Sachverhalt für die Vertriebssteuerung ist der Sales-Cycle.

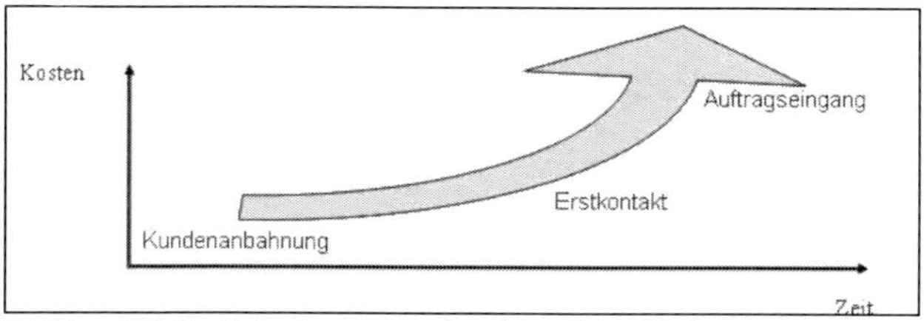

Abbildung 3.2: Vertriebssteuerung anhand des Sales-Cycles
Quelle: eigene Darstellung

Der Sales-Cycle umfasst den Zeitraum von der Identifikation potenzieller Kunden bis zum Vertragsabschluss. Die in diesem Zeitraum angefallenen Kosten gehen in der Regel in der Gemeinkostenbetrachtung auf, ohne Rücksichtnahme auf die Ergebnisauswirkung, die Finanzierung und Produktkalkulation.

3.7 Speziallösung vs. Standardlösung

In der herkömmlichen Deckungsbeitragsrechnung kommt es sehr häufig zu Gedankenmodellen wie „kaufe drei – bezahle zwei". Das Mengengerüst ist hier sehr häufig aus Prozesskostensicht ein Rabattfaktor.

Bei der Dienstleistung steht der Kundennutzen im Vordergrund. Nur weil es ein beherrschbarer Prozess ist, sinkt mit einem zunehmenden Einsatz das Leistungsentgelt nicht zwingend ab, wie es häufig bei Produkten der Fall ist. So ist es beispielsweise nicht einzusehen, dass bei einer beherrschbaren oder mit zunehmender Effizienz erbrachten Leistung, der Preis zwingend sinken muss, z.B. das Pauschalhonorar für einen Serviceeinsatz.

3.8 Variable Vergütungssysteme

Ein fast immer anzutreffendes Ziel und Erfolgshonorierungssystem ist die variable Vergütung, gemessen an Umsatz, Deckungsbeitrag, Mengengerüsten o.ä.

Die Entgeltsysteme begründen sich auf einer scheinbar einfachen Erfolgsmessung und Ableitung der resultierenden Erfolgskomponenten. In dieser Betrachtungsweise liegen aber auch etliche Nachteile begründet.

+	-
Vertrauensbeweis an Mitarbeiter	Vertrieb muss in Kostenrechnung geschult werden
Bewertung des Ergebnisbeitrags	Fehlinterpretation
Delegation der Verantwortung	Deckungsbeiträge wecken Begehrlichkeiten (DB ist kein EBIT!)
Effizientere Gestaltung der Tätigkeit	Teamfähigkeit vs. Eigeninteresse
Kostenbewusstsein wird geschärft	Unternehmensstrategie vs. persönliche Sortimentsgestaltung
Differenzierte Steuerung der Mitarbeiter	Kundeninteresse vs. Eigeninteresse
	Marktbedürfnis vs. eigene Strategie

Tabelle 3.3: Vor- und Nachteile variabler Vergütungssysteme
Quelle: eigene Darstellung

Variable Vergütungssysteme haben eine starke Anziehungskraft und hohe Attraktivität auf leistungsstarke Mitarbeiter. Auch gelingt es, die Qualität der Mitarbeiter in Bezug auf Selbststeuerung und Eigenverantwortung zu verbessern. Darüber hinaus hat ein gut eingerichtetes variables Vergütungssystem den Vorteil der steigenden Kostenflexibilität: In wirtschaftsschwachen Zeiten ist man krisenresistenter und in guten Zeiten profitieren Mitarbeiter vom positiven Trend und Erfolg des Unternehmens. Variable Vergütungssysteme können aber auch bei den Mitarbeitern zu Fehlinterpretationen der Ziele des Unternehmens führen sowie zu einer Fehlinterpretation einer gerechten Entlohnung. So können regionale Unterschiede eine Ursache für eine ungerechte Vergütung sein.

3.9 Unternehmensziele vs. persönliche Ziele der Vertriebsmitarbeiter

Die Generierung von Informationen über Aufwendungen, die während der Zeitdauer der Kundengewinnung (Sales-Cycle), Kundendeckungsbeitragsrechnung oder der Unterscheidung in Spezial- und Standardlösungen (Preispolitik) anfallen, führt zu einer deutlich erhöhten Transparenz, welche zur Unternehmenssteuerung absolut notwendig ist. Wie bei den Entgeltsystemen führen diese Informationen jedoch auch zu Nachteilen. Diese begründen sich im Wesentlichen in der Interpretation der Ergebnisse und der Folgen für die einzelne Person. Häufig dürfte dann auch der für den Vertriebsmitarbeiter kurzfristig messbare Erfolg eine Handlungsweise begründen, die nicht kongruent zu den strategischen Zielen des Unternehmens steht.

+	-
Höhere Transparenz	Kurzfristiges Denken vor strategischen Zielen
Orientierung an Rendite und nicht am Umsatz	Hoher Verwaltungsaufwand
Sensibilisierung des Vertriebs	Sensible Daten liegen offen vor (Bei Mitarbeiterwechsel kritisch)
Unternehmerisches Denken	Konzentration auf renditestarke Kunden
Kenntnis von deckungsbeitragsstarken Kunden	Unterschiedliche Beurteilung des Produktportfolios
Schaffung zentraler Steuerungsgröße	

Tabelle 3.4: Vor- und Nachteile der Informationsgenerierung
Quelle: eigene Darstellung

3.10 Zusammenfassung

Der Dienstleistungsanteil an den volkswirtschaftlichen Kenngrößen wächst. Dies resultiert einerseits aus strukturellen Gründen und andererseits am zunehmenden Leistungsumfang zur Vermarktung des eigentlichen Produktes.

Die Dienstleistung kombiniert auf emotionaler Ebene die handelnden Personen, das produzierende Unternehmen und zuletzt das Produkt. Daher ist ein Gesamtkonzept zu erstellen, welches dem Kunden Kompetenz, Verlässlichkeit und Verbindlichkeit nachhaltig vermittelt. Dieses Konzept, ein Marketingplan, ist daher gleichzeitig ein wesentliches Ziel zur Vertriebssteuerung.

Historisch bedingt unterliegen die Kostenrechnungssysteme im Unternehmen einem Prozesskostencharakter und bilden die Kundenergebnisrechnung selbst kaum ab. Gerade weil aber die Kundenbindung und das Vertrauensverhältnis zum Kunden an Bedeutung gewinnen, sind auch entsprechende Größen zusätzlich zu erfassen und zu analysieren. Aus dieser Betrachtung leiten sich ebenfalls Vertriebsziele ab.

Die zunehmende Transparenz im Unternehmen führt zwangsläufig zu Zielkonflikten zwischen den persönlichen Zielen und Wünschen der Mitarbeiter und den strategischen Zielen des Unternehmens. Schon allein die häufig provisionsabhängigen Entgeltsysteme führen in der Praxis zu unerwünschten Effekten.

Es ist absehbar, dass die Dienstleistungsneigung wächst und der Vertrieb an Bedeutung gewinnt. Es entsteht Im Vertrieb ein signifikanter Wertschöpfungsprozess, der aktiv zu steuern ist. Diese Notwendigkeit dient aber nicht primär dem Controlling des

Vertriebs im Sinne von Überwachung, sondern vielmehr im Sinne von Vertriebssteuerung als Augen und Ohren des Controllers am Markt und Vertriebscontrolling als Lösung mit Zukunft.

Literaturverzeichnis

Bundesministerium für Wirtschaft und Technologie (2011): Potenziale der Dienstleistungswirtschaft Perspektiven von Dienstleistungen in Deutschland. Online zu finden unter: http://www.bmwi.de/Dateien/BMWi/PDF/Monatsbericht/Auszuege/10-2012-I-3,property=pdf,bereich=bmwi2012,sprache=de,rwb=true.pdf (Stand: 02.02.2011).

Gabler Wirtschaftslexikon (2011): Definition Dienstleistung. Online zu finden unter: http://wirtschaftslexikon.gabler.de/Definition/dienstleistungen.html (Stand: 02.02.2011).

Onpulson (2011): Definition Dienstleistung. Online zu finden unter: http://www.onpulson.de/lexikon/829/dienstleistung/ (Stand: 02.02.2011).

Pascher, D. (2010): Ertragsorientierung heißt Kundenorientierung. Operatives und strategische Kundencontrolling, in: Controller-Magazin, Heft 3, 2010, S. 20-25.

4 Kompetenzen zur Steuerung des Management in langlebigen kundenorientierten Familienunternehmen

Sven Cravotta

4.1 Einleitung

4.1.1 Einführung in den Untersuchungsgegenstand

Die sich ständig verändernde und schnelllebige Umwelt prägt die heutige Gesellschaft. Veränderung ist im 21. Jahrhundert längst keine Ausnahme mehr, sie ist zur Normalität geworden. Auch durch die immer noch stark spürbaren Auswirkungen der Wirtschaftskrise im Jahr 2008/09, von der sich Deutschland, wie im Übrigen auch andere europäische Länder, nur langsam erholt, steht die Souveränität des Managements wieder verstärkt im Rampenlicht der Öffentlichkeit. So sind die Rahmenbedingungen für „Führung“ und „Unternehmensleitung“ keine traditionellen, stabilen Größen mehr. Diese kurz skizzierte Lage stellt zweifellos hohe Ansprüche an heutige Führungskräfte und Manager.[1]

Auch die Familienunternehmen (FU) sind von diesen Veränderungen betroffen. Selbst langlebige Familienunternehmen, die sogenannten Mehr-Generationen-Familienunternehmen (MGFU), die seit über viele Jahrzehnte oder gar mehrere Jahrhunderte existieren und deshalb ihre Überlebens- und Erfolgsfähigkeit besonders unter Beweis gestellt haben,[2] bleiben hiervon nicht verschont.

Bei Familienunternehmen handelt es sich um eine besondere, wenn auch keine seltene Unternehmensform.[3] Sie werden aufgrund ihrer oft mittelständisch geprägten Organisation als Rückgrat unserer Wirtschafsordnung betrachtet, wegen ihrer Wertorientierung gelten sie als das „menschliche Gesicht der Wirtschaft“.[4]

Die in diesen Unternehmen anzutreffende Strukturen, geprägt von starken Bindungseffekten und gegenseitigem Vertrauen zwischen den Familienmitgliedern und Mitarbeitern, schaffen Wettbewerbsvorteile gegenüber der Konkurrenz und macht das FU

[1] Vgl. Pinnow (2009), S. 20.
[2] Vgl. Simon et al. (2005), S. 13 ff.
[3] Vgl. hierzu z.B. Stiftung Familienunternehmen (2009), S. 15, 29.
[4] Vgl. Schlippe et al. (2009), S. 5; siehe hierzu auch Cravotta/Effenberger (2011), S. 302.

potenziell erfolgreicher als vergleichsweise anonyme Gesellschaften. Diese emotionale Verbindung stellt aber gleichzeitig auch ein Risiko dar, sofern Konflikte und Umstände aus dem privaten Bereich auf das Unternehmen übertragen werden.[5]

Familienunternehmen setzen, möglicherweise gerade dadurch bedingt, ganz andere Fähigkeiten von ihren leitenden Mitarbeitern voraus. Es interessiert nun, welche dieser Fähigkeiten bzw. Kompetenzen zur effektiven Steuerung des Managements in langlebigen deutschen FU eine bedeutende Rolle spielen.

4.1.2 Problemstellung und Zielsetzung der Untersuchung

Aufgrund der hohen Anforderungen, die heute an die Führungsebene speziell in FU gestellt werden, kommt berechtigterweise die Frage auf, welche Kompetenzen dort bei Managern derzeit besonders wichtig sind. Zählte vielleicht noch vor wenigen Jahren das Fachwissen als eine der bedeutendste Kompetenzrichtung in diesen wie auch in anderen Unternehmen, kann es heute ganz anders aussehen. Die allgemeine Unternehmenspraxis zeigt, dass Führungskräfte in den oberen Leitungsebenen mittlerweile auch ein hohes Maß an Führungsqualifikationen, wie z.B. Motivierungsvermögen, Teamfähigkeit und Konfliktkompetenz, besitzen müssen, um ein Unternehmen erfolgreich führen zu können. Damit ist die soziale Kompetenz von Führungskräften angesprochen, deren Bedeutung es im Vergleich zu anderen Kompetenzbereichen nun festzustellen gilt. Trotz des hohen Stellenwertes wurde diese Thematik in der bisherigen betriebswirtschaftlichen Disziplin und insbesondere in der Familienunternehmensforschung stark vernachlässigt.

Ziel der vorliegenden Untersuchung ist es daher, die Managementkompetenzen genauer zu analysieren. Der Untersuchungsgegenstand ist dabei auf deutsche MGFU gerichtet. Des Weiteren soll ermittelt werden, ob sich Unterschiede zwischen Familien- und Fremdmanagern hinsichtlich den Kompetenzrichtungen und ihrer Bedeutung abzeichnen. Zu diesem Thema sollen Eigentümer und Manager von MGFU, aber auch Experten im Bereich „Management" und „Familienunternehmen" sowie Mitarbeiter von langlebigen FU mittels Fragebogen (quantitatives Vorgehen) befragt werden.

[5] Vgl. Schlippe et al. (2009), S. 8 ff.; Simon (2008), S. 55 f.

Die vorliegende Studie versucht somit, einen wissenschaftlichen Beitrag bezüglich der in MGFU erforderlichen Managementkompetenzen zu leisten und so weitere Einblicke in dieses Thema zu ermöglichen.

4.1.3 Aufbau der Untersuchung

Die Arbeit gliedert sich in sechs Kapitel. Im ersten Kapitel wurde bereits die Fragestellung und Zielsetzung der Untersuchung vorgestellt. Im anschließenden Kapitel werden nun die hierfür zu verwendeten Begriffe zugrunde gelegt. Kapitel 3 bildet den theoretischen Bezugsrahmen für die Erhebung. Hier erfolgt eine thematische Auseinandersetzung mit den Managementkompetenzen. Dabei werden der Arbeit relevante Kompetenzrichtungen definiert, die empirisch hinsichtlich deren Bedeutung und Ausmaß näher untersucht werden sollen. Kapitel 4 stellt das Forschungsdesign sowie die Untersuchungsmethodik vor. Im fünften Kapitel werden dann die Ergebnisse präsentiert. Die Arbeit schließt mit einer kurzen Zusammenfassung und einem Ausblick in Kapitel 6 ab.

4.2 Definitorische Grundlagen

4.2.1 Familienunternehmen und Mehr-Generationen-Familienunternehmen

Das in der vorliegenden Arbeit zugrunde gelegte Begriffsverständnis basiert im Wesentlichen auf der folgenden, in der Fachliteratur anerkannten Definition des Wittener Institut für Familienunternehmen:

> „Wir sprechen immer dann von einem Familienunternehmen, wenn sich ein Unternehmen
>
> - ganz oder teilweise im Eigentum einer Familie oder mehrerer Familien bzw. Familienverbänden befindet und wenn diese aus einer unternehmerischen Verantwortung heraus die Entwicklung des Unternehmens maßgeblich bestimmen.
> - Diese Verantwortung der Unternehmerfamilie(n) wird entweder aus einer Führungs- oder Aufsichtsfunktion bzw. aus beiden Funktionen heraus wahrgenommen.
>
> Dabei spielen die Rechtsform und Größe des Unternehmens keine Rolle.
>
> Das transgenerationale Moment ist für Familienunternehmen essentiell. Bei einem Unternehmen kann also, streng genommen, erst dann von einem Familienunternehmen gesprochen werden, wenn in der Familie geplant wird, das Unternehmen in die

nächste Familiengeneration weiterzugeben. Start-Up's oder eigentümergeführte Unternehmen sind in diesem Sinn allein noch keine Familienunternehmen."[6]

Bei einem Mehr-Generationen-Familienunternehmen handelt es sich um ein Unternehmen, auf dessen Geschäftspolitik die Eigentümerfamilie einen maßgeblichen Einfluss ausübt und das mindestens drei Generationenfolgen hinweg überdauert hat.[7] Da die Generationenfolge oft schwierig zu ermitteln ist, wird es als hinreichend angesehen, wenn seit mindestens 100 Jahren ein maßgeblicher Familieneinfluss durch die Eigentümerfamilie auf die Unternehmensentwicklung ausgeübt wird.[8]

4.2.2 Familienmanager* vs. Fremdmanager*

*) solche oder ähnliche Begriffe beinhalten hier wie im Folgenden immer auch die weibliche Form

Im heutigen Sprachgebrauch wird Management häufig mit Unternehmensleitung oder Geschäftsführung gleichgesetzt. Im Folgenden soll dieser Begriff ausschließlich vor dem Gesichtspunkt der institutionellen Perspektive (Management als Institution) betrachtet werden. In diesem Zusammenhang wird unter Management die Gruppe von Personen verstanden, „die in einer Organisation mit Anweisungsbefugnissen betraut ist".[9] Dies bedeutet grundsätzlich, dass das Management alle Personen umfasst, die eine Funktion als Vorgesetzter wahrnehmen; und das von der untersten bis zur obersten Führungsebene.[10] In der vorliegenden Untersuchung werden jedoch die unteren Hierarchieebenen vernachlässigt und demnach nur die Führungskräfte der obersten Führungsebene als „Manager" bezeichnet.[11]

Als Manager gelten dabei auch die Eigentümer des Unternehmens und damit die Familienmitglieder, sofern sie Steuerungs-/ bzw. Managementaufgaben wahrnehmen.[12] Dieser Managertypus wird von Steinmann/Schreyögg (2005) auch als „Eigentümer-Unternehmer" bezeichnet und innerhalb dieser Studie Synonym zum „Familienmanager" gesetzt.[13] Als Geschäftsführungsorgan und damit als Institution gilt innerhalb die-

[6] Wittener Institut für Familienunternehmen (2013).
[7] Vgl. Simon et al. (2005), S. 13.
[8] Vgl. Cravotta (2010), S. 4.
[9] Vgl. Gabler Wirtschaftslexikon (2004), S 1964, Stichwort: Management; Pieper (1992), S. 381.
[10] Steinmann/Schreyögg (2005), S. 6.
[11] Vgl. ebenda.
[12] Synonym hierzu steht der Terminus „Geschäftsführer".
[13] Vgl. Cravotta (2010), S. 4.

ser Studie die gesetzlich normierte Begriffszuordnung. Dies bedeutet, dass ausschließlich Personen die im Handelsregister eingetragene Geschäftsführer und somit nach außen klar erkennbar sind, als Manager bezeichnet werden.[14]

In Ergänzung zu den operativ tätigen Familienmanagern bzw. Eigentümer-Unter-nehmern werden jedoch auch häufig familienexterne Manager zur Führung berufen, die im Folgenden als „Fremdmanager" bezeichnet werden. Von Fremdmanagement ist dann die Rede, wenn Führungskräfte der obersten Leitungsebene mit der Unternehmensführung betraut werden, die nicht der Unternehmerfamilie angehören, weder verwandt oder verschwägert oder durch die Annahme eines Kindes verbunden sind.[15]

4.3 Die Theorie zu den Kompetenzen von Managern

Um ein Unternehmen erfolgreich führen zu können, werden insbesondere den Managern eine Vielzahl von Fähigkeiten und Kompetenzen abverlangt. In heutigen Arbeitsorganisationen werden die Aufgaben immer komplexer, die Herausforderungen immer größer.[16] Unter einer Kompetenz versteht man im Allgemeinen „eine Kombination aus **Persönlichkeitsmerkmalen** (Motiven und Werten), **Verhaltensweisen** (Teamarbeit und Kommunikation) und **Leistungen** (Ergebnissen/Erfahrungen), die zur Realisierung der Ziele einer Organisation (Unternehmen) notwendig sind".[17] Darunter fallen eine ganze Reihe verschiedener Fähigkeiten, die nach Katz (1974) in drei Schlüsselkompetenzbereiche eingeteilt und wie folgt beschrieben werden können:

1) *Technische Kompetenz*: Diese Kompetenzrichtung umfasst die Fähigkeit(en), theoretisches Wissen, Techniken und Methoden auf den konkreten Einzelfall anzuwenden. Sie wird deshalb in vorliegender Untersuchung als fachliche Kompetenz bzw. Fachkompetenz bezeichnet. Da diese Kompetenz wesentlich durch die Schul- und Berufsausbildung sowie Weiterbildung und Anwendung in der Praxis bestimmt wird, ist sie relativ einfach zu ermitteln. Sie galt lange Zeit als die dominierende Kompetenzart im Management. Inzwischen wird den beiden folgenden Kompetenzrichtungen allerdings oftmals die gleiche Bedeutung beigemessen.

---

[14] Vgl. Steinmann/Schreyögg (2005), S. 6.
[15] Eine zu Prokura oder Generalvollmacht befähigte Person (erweiterte Geschäftsführung) gilt hier nicht als Manager (vgl. hierzu Cravotta 2010, S. 4).
[16] Vgl. Schultzendorff (1984), S. 11; Steinmann/Schreyögg (2005), S. 6.
[17] Vgl. Pelz (2012).

2) *Soziale Kompetenz*: Unter dieser Kompetenz versteht man nach Katz (1974) die Fähigkeit, mit anderen Menschen erfolgreich zusammenzuarbeiten und durch andere Menschen zu wirken. Zu der sozialen Kompetenz zählen insbesondere die im allgemeinen Sprachgebrauch bekannten „weichen“ Faktoren, wie beispielsweise Kooperationsbereitschaft, Einfühlungs- und Motivierungsvermögen, Teamfähigkeit und Selbstbeherrschung. Da der soziale Wirkungsbereich einer Führungskraft meist sehr weitreichend ist, muss sie bei der zwischenmenschlichen Kommunikation die Ebene der Kollegen und der unterstellten Mitarbeiter sowie die weiteren Interessensgruppen (Kunden, Lieferanten usw.) berücksichtigen.
3) *Konzeptionelle Kompetenz*: Zu dieser Kompetenzrichtung zählen alle Fähigkeiten, die es einer Person ermöglichen, „komplexe Problemfelder zu strukturieren und in ein handhabbares Handlungskonzept umzuformen“.[18] Demnach sind Fähigkeiten wie die Problemlösungs- und Strukturierungsfähigkeit sowie die grundsätzliche Lernfähigkeit in diesem Kompetenzbereich von besonderer Bedeutung.

Zweifelsfrei spielt das Zusammenspiel dieser drei Bereiche eine entscheidende Rolle zur Erfüllung von Managementaufgaben. Jedoch stellt sich hier berechtigterweise die Frage, ob alle drei Bereiche von gleicher Wichtigkeit sind.

4.4 Festlegung der maßgeblichen Kriterien der Schlüsselkompetenzbereiche

In vorliegender Arbeit erfolgt die Einteilung der Schlüsselkompetenzbereiche nach Katz (1974). Um die wesentlichen Determinanten der einzelnen drei Bereiche genauer festlegen zu können, war es zunächst erforderlich, weitere Arbeiten heranzuziehen.[19] Aus den daraus gewonnenen Erkenntnissen wurde eine m. E. geeignete Grundlage für eine nähere Bestimmung dieser Kompetenzrichtungen in Form einer Tabelle geschaffen (vgl. hierzu Tabelle 4.1).

In Hinblick auf die durchzuführende Befragung bezüglich der Managementkriterien bei langlebigen Familienunternehmen wurde bereits bei der Auswahl der Bestimmungs-

[18] Steinmann/Schreyögg (2005), S. 24
[19] Vgl. hierzu u.a. ebenda, S. 23-30; Mintzberg (2004); French/Grey (1996).

größen der drei Schlüsselkompetenzbereiche explizit darauf geachtet, keine unabsichtliche Gewichtung mit einfließen zu lassen. Aus diesem Grund wurden für jeden dieser Bereiche jeweils nur die vier m. E. wichtigsten Kompetenzen ausgewählt.

Schlüssel-Kompetenzbereich		Definition	Maßgebliche Kriterien
1	**Fachliche Kompetenz**	Fähigkeit, theoretisches Wissen auf den konkreten Einzelfall anzuwenden.	Managementwissen
			Theoretisches Wissen
			Methodenkompetenz
			Fachliche Qualifikation (durch Schul-/Berufsausbildung)
2	**Soziale Kompetenz**	Zusammenarbeit mit anderen Menschen, emotionale Intelligenz	Mitgefühl, Einfühlungsvermögen und Rücksicht
			Konflikt- und Kritikfähigkeit
			Führungsverhalten (insbesondere Motivierungsvermögen und Teamfähigkeit)
			Intra- und Interkulturelle Kompetenz (Fähigkeit, sich an soziale Normen anzupassen)
3	**Konzeptionelle Kompetenz**	Überblickung und Strukturierung komplexer Problemfelder	Strukturierungsfähigkeit komplexer Aufgaben
			Verständnis für Zusammenhänge
			Grundsätzliche Lernfähigkeit
			Problemlösungsfähigkeit (Fähigkeit, Probleme von mehreren Seiten betrachten zu können)

Abbildung 4.1. Die Bestimmungsgrößen der Schlüsselkompetenzbereiche
Quelle: eigene Darstellung (in Anlehnung an Katz (1974) sowie Steinmann/Schreyögg (2005), S. 23-29)

Als maßgebliche Kriterien für den Bereich der fachlichen Kompetenz wurden Managementwissen, theoretisches Wissen, Methodenkompetenz und fachliche Qualifikation ausgewählt. Diese vier Kriterien lassen sich nach Steinmann/Schreyögg (2005) wie folgt beschreiben:

1) *Managementwissen*: Darunter ist das Vorhandensein von theoretischen Managementkenntnissen zu verstehen.
2) *Theoretisches Wissen*: Es beschreibt das Wissen über Berufs- bzw. fach-spezifische Aufgaben.
3) *Methodenkompetenz*: Diese Kompetenzart beinhaltet die Fähigkeit zur Anwendung des Wissens und den bestimmten Lern- und Arbeitsmethoden im Arbeitsalltag.
4) *Fachliche Qualifikation*: Darunter wird die Eignung verstanden, die durch eine entsprechende Schul- und Ausbildung besteht.

Der Bereich der sozialen Kompetenz wird maßgeblich durch folgende vier Kriterien bestimmt:[20]

1) *Mitgefühl, Einfühlungsvermögen und Rücksicht*: Dieses Kriterium beschreibt die Fähigkeit, sich in andere Menschen hineinzuversetzen und ihr Handeln zu verstehen.
2) *Konflikt- und Kritikkompetenz*: Fähigkeit, mit Konflikten und Kritik am eigenen Handeln fachmännisch umzugehen Es beschreibt das Wissen über berufs- bzw. fachspezifische Aufgaben.
3) *Führungsverhalten*: Darunter fallen vor allem die Fähigkeiten, die Belegschaft zu motivieren, mit anderen eine soziale Beziehung einzugehen und sich in der Gruppe optimal einzubringen.
4) *Intra- und Interkulturelle Kompetenz*: Sie beschreibt die Fähigkeit, mit verschiedenen Kulturen kommunizieren und gemeinschaftlich handeln zu können.

Die konzeptionelle Kompetenz wird im Rahmen dieser Arbeit durch folgende Kriterien näher bestimmt:[21]

1) *Strukturierungsfähigkeit komplexer Aufgaben*: Darunter wird die Begabung verstanden, immer wieder neue, unübersichtliche und komplizierte Aufgaben in ein handhabbares Handlungskonzept umzuformen.
2) *Verständnis für Zusammenhänge*: Diese Kompetenzart beschreibt die grundlegende Befähigung, Leistungsprozesse zu verstehen und mit anderen Entscheidungen zu kombinieren.
3) *Grundsätzliche Lernfähigkeit*: Diese fast selbsterklärende Kompetenzrichtung ist auf die generelle Aufnahmefähigkeit gerichtet.
4) *Problemlösungsfähigkeit*: Sie beschreibt die Fähigkeit, ein Problem aus mehreren Blickwinkeln betrachten und lösen zu können.

4.5 Forschungsdesign und Methodik

Die Untersuchung beschränkt sich – wie bereits in der Zielsetzung festgelegt –auf deutsche MGFU. Für die dabei zugrunde gelegten Fragestellungen sollen nun Meinungen aus der Unternehmenspraxis eingeholt werden.

---

[20] Für eine ausführlichere Beschreibung dieser Kompetenzarten vgl. Steinmann/Schreyögg (2005), S. 24.

[21] Für eine ausführlichere Beschreibung vgl. ebenda, S. 24 f.

4.5.1 Adressatenkreis

Zunächst galt es abzuwägen, ausschließlich Experten aus dem Bereich des Managements wie Geschäftsführer von MGFU und Professoren von Hochschulen und Universitäten der Befragung heranzuziehen. Jedoch erschien es für den zu untersuchenden Gegenstand nicht ganz zweckgemäß, lediglich diese Personengruppen zu befragen. Grund hierfür war die Annahme, dass die Lehrkräfte möglicherweise durch ihr eher theoretisches Managementwissen nicht immer über die Praxisnähe verfügen und bei den Managern zu befürchten war, dass diese doch sehr stark auf ihr eigenes Handeln hin antworten würden und so die Ergebnisse verfälschen könnten. Deshalb wurde der Adressatenkreis der Befragten auf insgesamt acht Personengruppen erweitert:

1) Familieneigentümer
2) Angestellte Manager (Fremdmanager)
3) Professoren
4) Unternehmensberater (Consulter)
5) Medien- bzw. Pressevertreter
6) Personalberater
7) Vertreter aus Verbänden (inbegriffen sind Institute, Stiftungen und Weiterbildungseinrichtungen)
8) Mitarbeiter in MGFU

Die Gruppe der Familieneigentümer wurde weiter untergliedert in operativ und nicht operativ tätige Familienmitglieder. Zur Gruppe der angestellten Manager zählten nur die im Handelsregister eingetragenen Fremdmanager von MGFU. Es sollten zudem Professoren verschiedener Hochschulen und unterschiedlicher Studiengänge befragt werden. Unternehmens- sowie Personalberater sind häufig bei verschiedenen Firmen unterstützend tätig. Deshalb haben sie oft einen Einblick in solchen Unternehmen, sodass dieser Personenkreis in die Befragung mit aufgenommen wurde. Hinzu kamen Medien- und Pressevertreter. Durch die Befragung der Mitarbeiter aus MGFU sollten ihre Ansprüche, die sie gegenüber dem Führungsstab in diesen Firmen haben, erfasst werden.

4.5.2 Erhebungsverfahren und Aufbau der Befragung

Für den vorliegenden Untersuchungsgegenstand wurde als Datenerhebungs-methode die Befragung mittels Fragebogen und damit ein quantitatives Vorgehen gewählt.

Durch die Aussendung des Fragebogens per E-Mail ließen sich damit alle acht Personengruppen gleichzeitig ansprechen. Der Fragebogen wurde in drei Hauptbereiche eingeteilt:

1) *Einleitung*: Diese gibt dem Leser zunächst Auskunft über Zweck und Ziel der Befragung. Nachfolgend werden die Beteiligten zur Angabe ihrer persönlichen Daten aufgefordert, um sie im weiteren Verlauf der Untersuchung besser kategorisieren zu können.
2) *Forschungsfeld 1*: In diesem Forschungsfeld werden die teilnehmenden Personen darüber befragt, welche Kompetenzen sie ihrer Meinung nach bei Manager von MGFU als erforderlich halten. Hierzu wurden die zwölf ermittelten Kompetenzrichtungen allerdings ohne Angabe des jeweiligen Schlüsselkompetenzbereichs aufgelistet, die von den Befragten jeweils in die Kategorien „absolut erforderlich", „erforderlich" oder „eher bis weniger erforderlich" einzuteilen sind.
3) *Forschungsfeld 2*: Hier sollten die Befragten nun einschätzen, ob dieselben wie bereits in Forschungsfeld 1 aufgelisteten Kriterien hinsichtlich ihres Grads der Erforderlichkeit eher bei Eigentümermanagern, eher bei Fremdmanagern oder bei beiden gleich notwendig sind.

Die zwölf Kriterien wurden bewusst ohne eine Einteilung in die Schlüsselkompetenzbereiche aufgelistet, um die Befragten nicht durch die gängigen Begriffe wie „Fachwissen" oder „soziale Kompetenz" bereits im Vorfeld zu beeinflussen. Der vollständige Fragebogen kann beim Autor angefragt werden. Die Versendung des Fragebogens erfolgte nahezu ausschließlich über standardisierte E-Mails an ausgewählte Personen.

4.5.3 Gang der Untersuchung

Es wurden insgesamt 450 Fragebogen verschickt. Davon kamen insgesamt 58 Fragebogen beantwortet zurück. Dies entspricht einer Rücklaufquote von 12,9%. In vorliegender Untersuchung erfolgte bei der Personengruppe der Mitarbeiter eine weitere Einschränkung: Es wurden nur Mitarbeiter von MGFU berücksichtigt, die eine Betriebszugehörigkeit von über 3 Jahren vorweisen konnten. Dieser Personenkreis war in der Lage, das Thema besser beurteilen zu können. Daher flossen sechs der 58 Fragebogen nicht in die Auswertung ein. Demzufolge konnten insgesamt 52 Fragebogen (11,6%) in die Analyse mit einbezogen werden. Die teilnehmenden Personen lassen sich wie folgt näher einteilen:

Tätigkeit / Position der befragten Person	Anzahl der Personen (Absolut)	Anteil der Personen (in %)
Familieneigentümer - operativ tätig	4	7,7
Familieneigentümer - nicht operativ tätig	2	3,8
Angestellter Manager	4	7,7
Professor	1	1,9
Unternehmensberater (Consulter)	6	11,5
Medien-/Pressevertreter	0	0,0
Personalberater	1	1,9
Vertreter aus Verbänden	1	1,9
Mitarbeiter (angestellt)	33	63,5
Befragte Personen gesamt	**52**	**100,0**

Tabelle 4.1: Befragter Personenkreis
Quelle: eigene Darstellung

Die Mehrheit der befragten Personen (rund 64%) waren demnach angestellte Mitarbeiter (keine Fremdmanager). Darunter kamen neben Mitarbeitern aus dem mittleren und unteren Management auch ein Prokurist und vier Handlungsbevollmächtigte. Jeweils vier familienexterne und familieninterne Manager konnten zu dieser Thematik befragt werden. Presse- und Medienvertreter haben sich an der Befragung nicht beteiligt.

4.6 Empirische Befunde

Nachfolgend werden die Ergebnisse der Befragung zu den beiden bereits vorangestellten Forschungsfeldern präsentiert. Anschließend werden diese Ergebnisse innerhalb der befragten Personengruppen miteinander verglichen (Gruppenvergleich).

4.6.1 Ergebnisse zu Forschungsfeld 1

Die Auswertung der erforderlichen Kompetenzen von Managern in MGFU ergab folgende Antworthäufigkeiten:

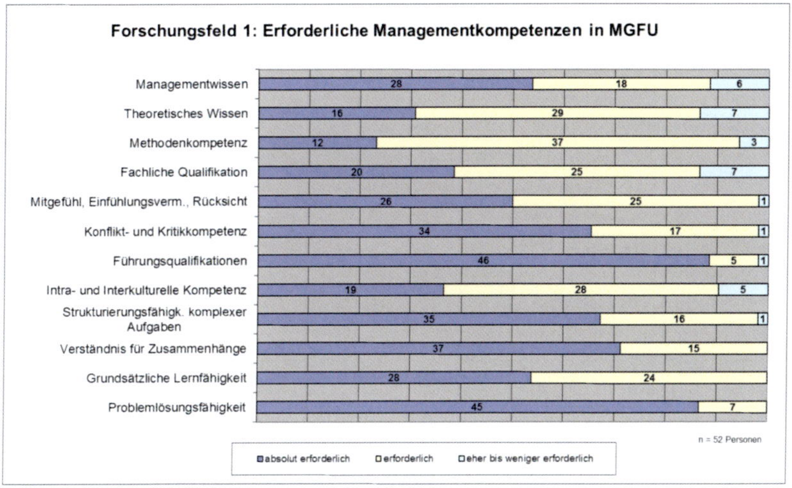

Abbildung 4.2: Erforderliche Managementkompetenzen
Quelle: eigene Darstellung

Demnach werden Führungsqualifikationen, Problemlösungsfähigkeit, Verständnis für Zusammenhänge, Strukturierungsfähigkeit, Konflikt- und Kritikkompetenz sowie Managementwissen als absolut erforderliche Managementkompetenzen von MGFU erachtet. Theoretisches Wissen und fachliche Qualifikation sind zwar erforderliche Kompetenzen, allerdings wiesen jeweils 7 der 52 Befragten (13,5%) überraschenderweise diese Kompetenzen der Kategorie eher bis weniger erforderlich zu.

Werden nun die zwölf zu untersuchende Kompetenzen in die drei zugrunde gelegten Schlüsselkompetenzbereiche zurückgeführt (vgl. Tabelle 4.2), so ergibt sich folgende Verteilung:

Kompetenzrichtung	absolut erforderlich	erforderlich	eher bis weniger erforderlich
Managementwissen	28	18	6
Theoretisches Wissen	16	29	7
Methodenkompetenz	12	37	3
Fachliche Qualifikation	20	25	7
Durchschnitt fachliche Kompetenz	19	27	6
Mitgefühl, Einfühlungsverm.,Rücksicht	26	25	1
Konflikt- und Kritikkompetenz	34	17	1
Führungsqualifikationen	46	5	1
Intra- und Interkulturelle Kompetenz	19	28	5
Durchschnitt soziale Kompetenz	31	19	2
Strukturierungsfähigk. komplexer Aufgaben	35	16	1
Verständnis für Zusammenhänge	37	15	
Grundsätzliche Lernfähigkeit	28	24	
Problemlösungsfähigkeit	45	7	
Durchschnitt konzeptionelle Kompetenz	36	16	0

Tabelle 4.2: Erforderliche Managementkompetenzen nach Schlüsselkompetenzbereich
Quelle: eigene Darstellung

Hier ist nur unschwer zu erkennen, dass insbesondere die soziale und konzeptionelle Kompetenz eine höhere Bedeutung bei den Managementkompetenzen in langlebigen FU beizumessen ist. Die fachliche Kompetenz ist in Relation zu beiden unbedeutend(er): Nicht einmal die Hälfte der befragten Personen (36,5%) betrachten diese als sehr wichtig. Dagegen steht die konzeptionelle Kompetenz (unerwartet) an erster Stelle. Im Durchschnitt halten 36 der Personen (69,2%) diese Kompetenz für absolut erforderlich. Durchschnittlich 31 der Befragten (59,6%) sind zudem der Meinung, dass bei den Managern von MGFU die soziale Kompetenz besonders wichtig ist.

4.6.2 Ergebnisse zu Forschungsfeld 2

Bei der Einschätzung der zwölf Kriterien hinsichtlich ihres Grads der Erforderlichkeit bei Eigentümermanagern (FamM) bzw. bei Fremdmanagern (FremdM) konnte folgende Verteilung ermittelt werden:

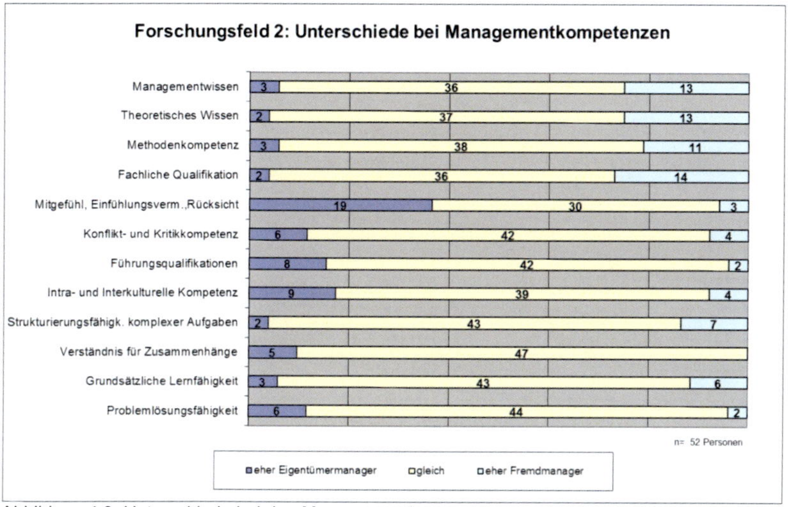

Abbildung 4.3: Unterschiede bei den Managementkompetenzen zwischen FamM und FremdM
Quelle: eigene Darstellung

Demnach sind die Befragten der Meinung, dass – mit wenigen Ausnahmen – die Kompetenzen sowohl bei Eigentümermanagern als auch bei Fremdmanagern im gleichen Maß erforderlich sind. Bei insgesamt fünf Kompetenzrichtungen aber konnten größere Unterschiede festgestellt werden. Hier werden Managementwissen, theoretisches Wissen, Methodenkompetenz sowie fachliche Qualifikation eher von Fremdmanagern erwartet. Hingegen sollte ein Eigentümermanager mehr Mitgefühl, Einfühlungsvermögen und Rücksicht mitbringen. Werden die einzelnen Kompetenzarten wieder den Schlüsselkompetenzbereiche zugeteilt, so zeigt die Auswertung des empirischen Datenmaterials folgenden Befund:

Kompetenzrichtung	Grad der Erforderlichkeit (Anzahl Nennungen) eher Eigentümer-manager	gleich	eher Fremdmanager
Managementwissen	3	36	13
Theoretisches Wissen	2	37	13
Methodenkompetenz	3	38	11
Fachliche Qualifikation	2	36	14
Durchschnitt fachliche Kompetenz	3	37	13
Mitgefühl, Einfühlungsverm., Rücksicht	19	30	3
Konflikt- und Kritikkompetenz	6	42	4
Führungsqualifikationen	8	42	2
Intra- und Interkulturelle Kompetenz	9	39	4
Durchschnitt soziale Kompetenz	11	38	3
Strukturierungsfähigk.komplexer Aufgaben	2	43	7
Versändnis für Zusammenhänge	5	47	
Grundsätzliche Lernfähigkeit	3	43	6
Problemläsungsfähigkeit	6	44	2
Durchschnitt konzeptionelle Kompetenz	4	44	4

Tabelle 4.3: Managementkompetenzen zwischen FamM und FremdM nach Schlüsselkompetenzbereich
Quelle: eigene Darstellung

Der Tabelle ist zu entnehmen, dass die soziale Kompetenz insbesondere den Eigentümermanagern eine viel höhere Bedeutung beigemessen wird als den familienfremden Geschäftsführern. Im Gegensatz dazu werden fachliche Fähigkeiten eher von den Fremdmanagern gefordert. Bei der konzeptionellen Kompetenz konnten keine Unterschiede festgestellt werden.

4.6.3 Gruppenvergleich

Beim Gruppenvergleich wird der Kreis der Befragten zu insgesamt vier Gruppen eingeteilt, die anschließend einer näheren Analyse unterzogen werden:

1) Mitarbeiter
2) Familienmitglieder
3) Fremdmanager
4) Experten (darunter zählen die Personengruppen Nr. 3-7 aus Kap. 4.1)

Hinsichtlich der Frage nach den erforderlichen Managementkompetenzen in MGFU (Forschungsfeld 1) ließen sich im Gruppenvergleich signifikante Unterschiede in den Kompetenzen „Theoretisches Wissen“, „Fachliche Qualifikation“, „Führungsqualifikationen“ und „Intra- und interkulturelle Kompetenz“ feststellen. Bei den Familieneigentümern gilt dem theoretischen Wissen weniger als eine erforderliche Kompetenzrichtung von Managern in MGFU. Dagegen erachten sie Führungsqualifikationen und Problemlösungsfähigkeit als absolut erforderliche Managementkompetenzen. Die befragten Fremdmanager dagegen weisen Managementwissen sowie inter- und intrakulturelle Kompetenz ein viel höheres Gewicht zu. Im Gegensatz hierzu erachten sie Führungsqualifikationen zwar als wichtig, aber nicht für absolut erforderlich. Bei den Mitarbeitern ist im Vergleich zu den anderen drei Gruppen besonders die Kompetenzrichtung „Mitgefühl, Einfühlungsvermögen, Rücksicht" sowie das „Verständnis für Zusammenhänge" als absolut erforderliche Managementkompetenz vordergründig.

Werden nun die Kompetenzen wieder den drei Schlüsselkompetenzbereichen zugeteilt, so ergeben sich folgende Einteilungen (Managementkompetenzen nach „absolut erforderlich" und „eher bis weniger erforderlich"):

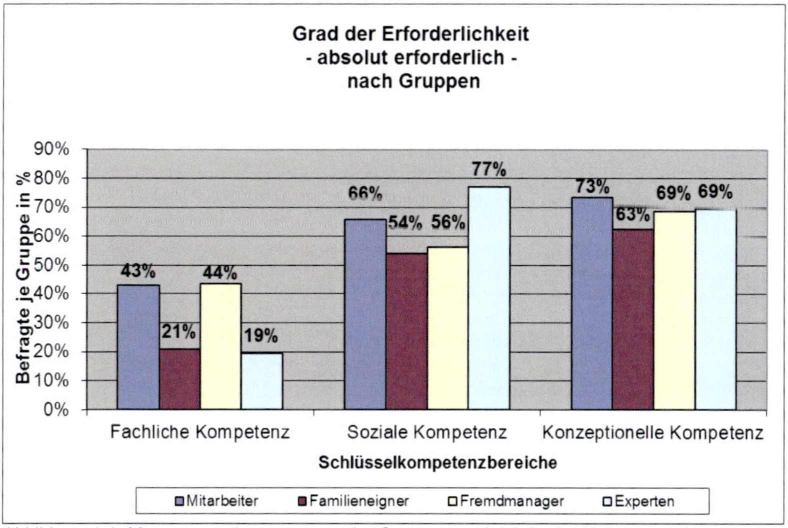

Abbildung 4.4: Managementkompetenzen im Gruppenvergleich in der Kategorie „absolut erforderlich"
Quelle: eigene Darstellung

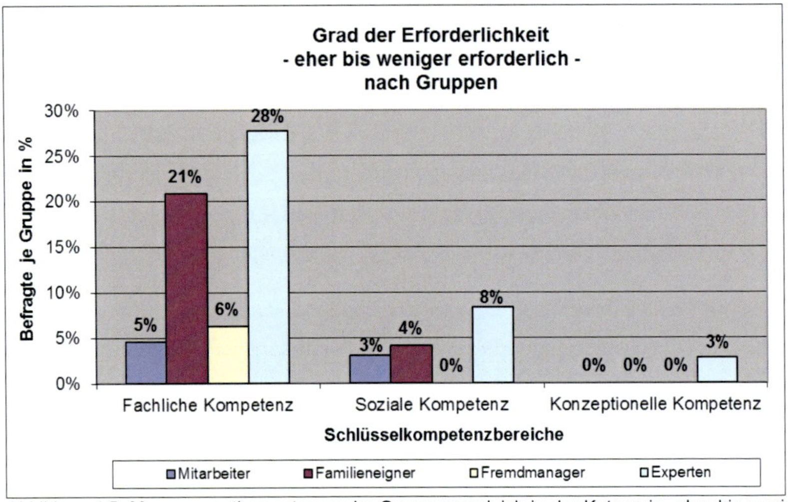

Abbildung 4.5: Managementkompetenzen im Gruppenvergleich in der Kategorie „eher bis weniger erforderlich"
Quelle: eigene Darstellung

Alle vier Gruppen sehen die soziale und konzeptionelle Kompetenz als absolut erforderlich an. Besonders die Gruppe der Experten misst der sozialen Kompetenz ein großes Gewicht bei (vgl. Abbildung 4.4). Dagegen erachtet diese Gruppe die fachliche Kompetenz mit Abstand als weniger relevant hinsichtlich der Managementkompetenzen in MGFU (vgl. Abbildung 4.5).

Bezüglich des Forschungsfeldes 2 mit seiner zugrunde liegenden Fragestellung, zeigt die Auswertung des Datenmaterials in den vier Gruppen folgenden Befund: Auch wenn die Mehrheit der Befragten eine gleiche Priorität der Kompetenzen bei Eigentümer- sowie Fremdmanagern beimisst, konnten doch zu einzelnen Kompetenzrichtungen signifikante Unterschiede erkannt werden.

Es konnte beispielsweise festgestellt werden, dass die Gruppe der Fremdmanager insbesondere der Kompetenzrichtung „Mitgefühl, Einfühlungsvermögen, Rücksicht" sowie „Intra- und interkulturelle Kompetenz" und damit die Anpassungsfähigkeit in das System eher bei den Eigentümermanagern als eine absolute Managementkompetenz erachtet. Bei den eher bei Fremdmanagern erforderlichen Kompetenzen sind die Experten sowie die Fremdmanager selbst der Meinung, dass die Kompetenzen „Managementwissen" und „Theoretisches Wissen" mit großem Abstand weitgehend bei den angestellten Managern und weniger bei den Familiengeschäftsführern erforderlich sind. Die Gruppe der Fremdmanager sieht daneben noch die Konflikt- und Kritikfähigkeit sowie die Führungsqualifikationen und Problemlösungsfähigkeit bei Fremdmanagern als erforderlich an. Insbesondere bei den Führungsqualifikationen sowie bei der Problemlösungsfähigkeit stehen die Fremdmanager aber mit ihrer Meinung alleine da: Die anderen drei Gruppen erachten die Erforderlichkeit dieser Kompetenzarten zwischen Eigentümer- und Fremdmanager als eher gleich hoch.

Bezogen auf die drei Schlüsselkompetenzbereiche bedeutet dies nun folgendes: Den Eigentümermanagern wird besonders soziale Kompetenz abverlangt; dem gegenüber tritt die fachliche Kompetenz in den Hintergrund. In diesem Punkt sind sich alle vier befragten Gruppen weitgehend einig. Die Experten messen darüber hinaus der konzeptionellen Kompetenz eher bei Eigentümermanagern eine ausgeprägte Rolle zu. Dagegen wird den Fremdmanagern, insbesondere von den Fremdmanagern selbst als auch von den Eigentümermanagern, mehr fachliche Kompetenz in MGFU zugerechnet. Die Gruppe der Mitarbeiter hält die fachliche Kompetenz, unabhängig ob es ein familieninterner oder externer Manager ist, für erforderlich.

4.6.4 Sonstige Angaben der Befragten

Zwei der 52 befragten Personen machten weitere Anmerkungen zu den Managementkompetenzen in MGFU. So fehlte einem Befragten die Fähigkeit bzw. Kompetenz „Unternehmerischer Pioniergeist" und „Risikobereitschaft".

Eine weitere befragte Person gab an, dass ihr die Fähigkeit, neue Produkte und Dienstleistungen zu kreieren und damit die Innovationskraft des Managements in MGFU fehlt. Denn ohne innovative Gedanken seitens der Führung bezüglich neuer Technologie und Anpassung an die Märkte kann doch, ihrer Meinung nach, ein Unternehmen nicht länger als eine „Produktperiode" existieren. Sie fügt weiter an, dass gerade diese Fähigkeit eine der wichtigen Schlüsselkompetenzen von Unternehmen sei, um schließlich über Generationen hinweg zu bestehen.

Zu den Angaben ist zu vermerken, dass die zwölf der Untersuchung zugrunde gelegten Kompetenzrichtungen (vgl. Tabelle 4.1) diese von den zwei Befragten als angeblich fehlend betrachtete Kompetenzen bereits beinhaltet, wenn auch nur implizit. So sollten Managementwissen, theoretisches Wissen und Methodenkompetenz u.a. die Innovationsfähigkeit abdecken. Die Strukturierungs- und Problemlösungsfähigkeit aus dem Bereich der konzeptionellen Kompetenz beschreiben zudem Fähigkeiten, die bei der Umsetzung von Innovationen wichtig sind. Daher kann gesagt werden, dass diese zwei Kompetenzarten bei der Auflistung nicht fehlen; es ist vielmehr eine andere Form der Einteilung der zu verwendenden Managementkompetenzen.

4.7 Schlussbetrachtung

4.7.1 Zusammenfassung der Ergebnisse

In der vorliegenden Untersuchung galt es herauszufinden, welche Fähigkeiten bzw. Kompetenzen bei langlebigen FU auf der Top-Führungsebene heutzutage besonders von Bedeutung sind sowie Unterschiede zwischen den beiden hier behandelten Managertypen hinsichtlich dieser Kompetenzarten aufzuzeigen. Dazu wurden insgesamt acht Personengruppen mittels Fragebogen (quantitatives Vorgehen) befragt.

Die Studie konnte feststellen, dass insbesondere die Führungsqualifikationen und die Problemlösungsfähigkeit absolut erforderliche Kernkompetenzen zur Steuerung des Managements von MGFU sind. Führungsqualifikationen beschreiben dabei Fähigkeiten, die der sozialen Kompetenz zugeordnet werden. Dagegen gehört die Problemlösungsfähigkeit zum Bereich der konzeptionellen Kompetenz.

Werden nun die der Untersuchung zugrunde gelegten zwölf Managementkompetenzen den drei Schlüsselkompetenzbereichen zugeteilt, so nehmen die soziale und konzeptionelle Kompetenz eine besondere Bedeutung in den betrachteten Unternehmen ein. Die konzeptionelle Kompetenz steht ganz oben in der Bedeutungsskala, dicht gefolgt von der sozialen Kompetenz. Die Fachkompetenz allerdings erachten die meisten der Befragten als weniger wichtig. Damit ist die fachliche, zumindest bei dem hier befragten Personenkreis, keine absolut erforderliche Kompetenz in der Führungsetage von MGFU, obgleich auch diese nicht vernachlässigt werden darf.

Bei der Einschätzung der Kriterien hinsichtlich ihres Grads der Erforderlichkeit bei Eigentümermanagern bzw. bei Fremdmanagern (Forschungsfeld 2) konnte festgestellt werden, dass Managementwissen, theoretisches Wissen, Methodenkompetenz sowie fachliche Qualifikation eher von Fremdmanagern abverlangt werden. Dagegen sollte ein Familiengeschäftsführer mehr „Mitgefühl, Einfühlungsvermögen und Rücksicht“ haben. Die Einteilung dieser Kompetenzarten in die drei Schlüsselkompetenzbereiche ergab, dass die Eigentümermanager – im Vergleich zu den familienexternen Geschäftsführern – eine viel höhere Sozialkompetenz vorweisen sollten. Im Gegensatz hierzu werden von den Fremdmanagern eher fachliche Fähigkeiten gefordert. Bei der konzeptionellen Kompetenz ließen sich keine Unterschiede feststellen.

Werden nun die Ergebnisse aus dem Gruppenvergleich herangezogen, so konnte ermittelt werden, dass die Gruppe der Familieneigentümer die Kompetenzrichtung „Theoretisches Wissen“ für weniger erforderlich hält. Führungsqualifikationen und Problemlösungsfähigkeit aber gelten hier als absolut erforderlich. Die befragten Fremdmanager dagegen weisen Managementwissen sowie der inter- und intrakulturellen Kompetenz ein viel höheres Gewicht zu. Führungsqualifikationen werden von ihnen zwar als wichtig, aber nicht als absolut erforderlich erachtet. Bei den Mitarbeitern stehen im Vergleich zu den anderen drei Gruppen die Kompetenzrichtungen „Mitgefühl, Einfühlungsvermögen, Rücksicht“ und „Verständnis für Zusammenhänge“ im Vordergrund. Alle vier Gruppen halten die soziale und konzeptionelle Kompetenz für absolut erforderlich. Besonders die Gruppe der Experten misst der sozialen Kompetenz bei den Managementkompetenzen in MGFU eine große Bedeutung zu. Im Gegensatz hierzu erachten sie die fachliche Kompetenz als sekundär.

Bezüglich der Fragestellungen, die beim Forschungsfeld 2 zugrunde gelegt wurden, ließ sich im Gruppenvergleich zunächst feststellen, dass die breite Mehrheit der Befragten eine etwa gleiche Priorität der Kompetenzen bei Eigentümer- sowie Fremdmanagern beimisst. Allerdings war ersichtlich, dass die Gruppe der Fremdmanager insbesondere die Kompetenzrichtung „Mitgefühl, Einfühlungsvermögen, Rücksicht“ sowie „Intra- und interkulturelle Kompetenz“ eher bei den Familienunternehmern als eine absolut wichtige Managementkompetenz erachtet. Bei den Fremdmanagern erforderlichen Kompetenzen sind die Experten als auch die familienexternen Manager selbst der Meinung, dass die Kompetenzen „Managementwissen“ und „Theoretisches Wissen“ eher bei den Fremdgeschäftsführern und weniger bei den Eigentümermanagern erforderlich sind. Die Gruppe der externen Manager sieht daneben noch die Konflikt- und Kritikkompetenz sowie Führungsqualifikationen und Problemlösungsfähigkeit als bei Fremdmanagern erforderliche Kompetenzen an.

Bezogen auf die drei Schlüsselkompetenzbereiche bedeutet dies wiederum, dass den Familienmanagern besonders soziale Kompetenzen abverlangt werden; die fachliche Kompetenz ist dabei weniger gefragt. Die Experten messen darüber hinaus der konzeptionellen Kompetenz eine eher bei diesen Managern ausgeprägte Kompetenzrichtung zu. Dagegen wird den familienfremden Managern insbesondere von der Gruppe der Fremdmanagern selbst als auch von den Eigentümermanagern mehr fachliche Kompetenz als erforderliche Managementkompetenz in MGFU vorausgesetzt. Die Gruppe der Mitarbeiter hält die fachliche Kompetenz, unabhängig ob es ein familieninterner oder angestellter Manager ist, für erforderlich.

4.7.2 Ausblick

Wird die Fachkompetenz mit der sozialen Kompetenz kontrastiert, so lässt sich erkennen, dass letztere in der heutigen Zeit eine völlig andere Wertigkeit bei den Managementkompetenzen einnimmt. Zugespitzt ließe sich von der Ablösung der Fach- durch die Sozialkompetenz sprechen.

Die vorliegende Untersuchung sollte weiterführende Einblicke in das Thema ermöglichen. Die Thematik der Kernkompetenzen des Managements unterliegt aber einem starken Wertewandel wie wir soeben gesehen haben. Dass sich dies in den nächsten Jahren fortsetzen wird, ist relativ wahrscheinlich. Mit dieser Untersuchung konnten deshalb lediglich Momentaufnahmen über relevante Kompetenzen erfasst werden, die es nun im Zuge weiterer Forschungsarbeiten immer wieder zu hinterfragen gilt. Das Thema steht also unter Beobachtung!

Literaturverzeichnis

Becker, F.G. (2007): Fremdmanagement in Familienunternehmen – Annäherung an eine vielschichtige Thematik, in: Heupel, T. (Hrsg.): Management kleiner und mittlerer Unternehmen – Stand und Perspektiven der KMU-Forschung, Wiesbaden: Deutscher Universitäts-Verlag, S. 205-224.

Cravotta, S. (2010): Managementstrukturen in älteren deutschen Familienunternehmen (verarbeitendes Gewerbe), WIFU Working Paper Series Nr. 6, Universität Witten/Herdecke.

Cravotta, S./Effenberger, S.V. (2011): Frauen an der Unternehmensspitze: Die Bedeutung von Unternehmerfrauen in älteren deutschen Familienunternehmen – Eine empirische Betrachtung auf Basis eines Forschungsprojektes, in: Rieg, R. (Hrsg.): Aalener Schriften zur Betriebswirtschaft, Tagungsband zur Zweiten Aalener KMU-Konferenz – Beiträge zum aktuellen Stand der KMU-Forschung, Aachen: Shaker Verlag, S. 301-322.

French, R./Grey, C. (Hrsg.) (1996): Rethinking Management Education, London: Sage.

Gabler Wirtschaftslexikon (2004), hrsg. von K. Alisch, E. Winter, U. Arentzen, 16., vollst. überarb. und aktual. Aufl., Bände A-Z, Wiesbaden: Gabler.

Katz, R.L. (1974): Skills of an Effective Administrator, in: Harvard Business Re-view, 52(5), S. 90-101.

Mintzberg, H. (2004): Managers Not MBAs – A Hard Look at the Soft Practice of Managing and Management Development, San Francisco, CA: Berrett-Koehler Publishers.

Pelz, W. (2012): Managementkompetenzen – Definition der Begriffe Management und Kompetenz, Technische Hochschule Mittelhessen (THM Business School), Internetadresse: http://www.managementkompetenzen.com/ (Datum des Zugriffs: 12.04.2012).

Pieper, R. (1992): Lexikon Management, Wiesbaden: Gabler.

Pinnow, D.F. (2009): Führen: Worauf es wirklich ankommt, 4.Aufl., Wiesbaden: Gabler Verlag.

Schlippe, A.v./Buberti, C./Groth, T./Plate, M. (2009): Die zehn Wittener Thesen, in: Rüsen, T.A./Schlippe, A.v./Groth, T. (Hrsg.): Familienunternehmen – Exploration einer Unternehmensform, Lohmar: Josef Eul Verlag, S. 1-24.

Schultzendorff, D.v. (1984): Fremdmanager in Familienunternehmen – Eine empirische Analyse, Diss. Hochschule St. Gallen, St. Gallen.

Simon, F.B. (2008): Familienunternehmen als Risikofaktor, in: Schlippe, A.v./Nischak, A./El Hachimi, M. (Hrsg.): Familienunternehmen verstehen: Gründer, Gesellschafter und Generationen, Göttingen: Vandenhoeck & Ruprecht, S. 55-64.

Simon, F.B./Wimmer, R./Groth, T. (2005): Mehr-Generationen-Familienunternehmen – Erfolgsgeheimnisse von Oetker, Merck, Haniel u.a., Heidelberg: Carl-Auer Verlag.

Steinmann, H./Schreyögg, G. (2005): Management – Grundlagen der Unternehmensführung, 6., vollst. überarb. Aufl., Wiesbaden: Gabler.

Stiftung Familienunternehmen (Hrsg.) (2009): Die volkswirtschaftliche Bedeutung der Familienunternehmen, Untersuchung bearbeitet von: ZEW und ifm Mannheim, München und Stuttgart.

Wittener Institut für Familienunternehmen (2013): Definition von Familienunternehmen, Internetadresse: http://www.wifu.de/forschung/definitionen/ (Datum des Zugriffs: 04.01.2013).

5 Marketingsteuerung unter Nachhaltigkeitsgesichtspunkten

Julia S. Pietsch

5.1 Einleitung

Der Marketingbegriff ist seit circa 40 Jahren im deutschen Sprachraum verankert und betrachtet nicht ausschließlich den Entwurf neuer Angebote. Im Fokus stehen des Weiteren die Berücksichtigung von Kundenwünschen, Kaufgewohnheiten und Verhaltensweisen, die aus der Marktforschung aufbereitet werden. Die Erkenntnisse fließen in die Entwicklung der Güter mit ein, um eine Erleichterung des Vertrieb von vorneherein zu erreichen. Dem Marketing obliegt dadurch eine Führungsfunktion, die andere Funktionsbereiche wie etwa Forschung und Entwicklung, Produktion und Einkauf beeinflusst. Das Ziel liegt in einer Ausrichtung des Wertschöpfungsprozesses auf den Zielkunden und auf die Bedürfnisse der potenziellen Kunden. Durch Kaufanreize, Kundenzufriedenheit und Kundenbindung kann eine Legitimation und Sicherung des eigenen Unternehmens am Markt dauerhaft erreicht werden. Durch das zunehmende Angebot auf den Märkten und die dadurch bedingte Sättigung der Konsumgütermärkte obliegt es dem Marketing, Engpässe innerhalb der betrieblichen Wertschöpfung aufzudecken.[1]

Die hohe Bedeutung des Marketings in der Managementlehre führte zu einer Übertragung auf weitere Funktionsbereiche, womit eine weitere Spezifizierung einherging. So entstanden unter anderem das Personal-, das Finanz- oder Beschaffungsmarketing und auch das Nachhaltigkeitsmarketing als übergreifendes Instrument. Die Aufgabe des Marketings besteht des Weiteren im Aufbau eines Begehrens auf Seiten der Konsumenten. Im Bereiche des Nachhaltigkeitsmarketings steht dabei die Kommunikation ökologischer und sozialer Kriterien, die innerhalb der Wertschöpfungskette und speziell im Marketing-Mix umgesetzt wurden, im Vordergrund.

5.2 Nachhaltigkeit und seine Formen

Tagtäglich werden neue Produkte und Kampagnen gelauncht. Dabei treten vermehrt Nachhaltigkeitsaspekte in den Vordergrund des Handelns, weshalb die Aktualität des Themengebietes im Moment nicht größer und aktueller sein könnte. Dabei stellen sowohl Großkonzerne als auch kleine und mittlere Unternehmen die unterschiedlichen

[1] Vgl. Kotler & Bliemel 1999; Meffert & Bruhn 1996; kritisch: Hansen & Stauss 1995.

Anforderungen teils bewusst, größtenteils auch unbewusst in den Vordergrund ihres unternehmerischen Handelns. Im Zeitablauf haben sich deshalb auch unterschiedliche Begrifflichkeiten innerhalb des Nachhaltigkeitsgebietes herauskristallisiert, die es innerhalb dieses Kapitels zu konkretisieren und abzugrenzen gilt. Die oftmals fälschlicherweise synonyme Verwendung der einzelnen Begrifflichkeiten wird dabei ebenso betrachtet wie Unterscheidungsmerkmale aufgezeigt werden.

Der Beginn von Nachhaltigkeitsüberlegungen reicht bereits weit in die geschichtliche Entwicklung zurück und bezieht sich grundlegend auf den schonenden Umgang mit natürlichen Ressourcen.[2] Im Zeitablauf wurde dieses Denken innerhalb der wissenschaftlichen Forschung anhand des übergeordneten Konstrukts der Nachhaltigkeit (sustainability) als Zustand sowie der nachhaltigen Entwicklung (sustainable development) als Prozess gesellschaftlicher Veränderungen erfasst.[3] Der Brundtland-Bericht liefert eine gängige Definition der nachhaltigen Entwicklung: „Sustainable development meets the needs of the present without compromising the ability of future generations to meet their own needs".[4] Die oberste Priorität nimmt dabei die dauerhafte Befriedigung und Bewahrung der Grundbedürfnisse der Ärmsten der Welt ein.[5] Diese Verpflichtung gegenüber den Schwächeren einer Gesellschaft erfasste Bowen in seinem Werk „Social Responsibilities of the Businessman" im Jahr 1953 und proklamiert darin die unternehmerische Verantwortung und den weitreichenden Einfluss auf die Gesellschaft. Im Mittelpunkt stehen dabei die Integration und dementsprechende Implementierung der gesellschaftlichen Ziele und Werte in die zu treffenden Entscheidungen und Aufgabenfelder der Unternehmung.[6] Im weiteren Verlauf stand das Konstrukt vermehrt in einem Spannungsfeld aus Ökonomie und Philanthropie,[7] was eigentlich dem grundsätzlichen Verständnis des nachhaltigen Wirtschaftens entgegensteht. Friedman als Gegner dieser sozialverträglichen Einstellung sieht die Pflicht der Unternehmen lediglich in der Erwirtschaftung und Maximierung von Gewinnen unter Einsatz möglichst ressourceneffizienter Maßnahmen.[8] Die innerhalb der Neoklassik vertretene, auch als

[2] Vgl. Grober (1999).
[3] Vgl. Promberger (2006), S. 2.
[4] Vgl. United Nations (1987).
[5] Vgl. United Nations (1987).
[6] Vgl. Bowen (1953), S. 4. Zu den bedeutendsten Autoren, die in den darauf folgenden Jahrzehnten einen Einfluss auf die theoretische Entwicklung des CSR-Konzept ausübten, gehören vor allem Davis (1967); Frederick (1984); Walton (1967), Sethi (1975), Preston/Post (1975), Jones (1980), Drucker (1984), Watrick/Cochran (1985), Wood (1991) und vor allem Carroll (1979); Carroll (1991); Carroll (1998); Carroll (1999) selbst.
[7] Vgl. hierzu exemplarisch Friedman (1970), Levitt (1958); Davis/Blomstrom (1975); Epstein (1987).
[8] Vgl. exemplarisch Friedman (1970).

enges funktionales Begriffsverständnis titulierte Sichtweise respektiert zwar die Interessen der Stakeholder, stellt diese aber hinter den ökonomischen Unternehmenserfolg. CSR ist damit eher Mittel zum Zweck unter Achtung ethischer Werte sowie mit Respekt vor Menschen, Gesellschaft und der natürlichen Umwelt.[9] In einer erweiterten Fassung des Bundesministeriums für wirtschaftliche Zusammenarbeit (BMZ) werden die traditionellen Ansichten der Gewinnmaximierung, der Wettbewerbsfähigkeit und des Unternehmensfortbestandes nicht komplett ausgehebelt, sondern durch eine unternehmerische Verantwortung in Bezug auf ökologische und gesellschaftliche Bereiche sowie über gesetzliche Bestimmungen hinaus ergänzt.[10] Diese Gewichtung findet sich auch bei Carroll, als einem der wichtigsten CSR-Vertreter, in seinem Pyramidenmodell wieder. Ausgehend von einem ökonomischen Fundament positionieren sich rechtliche, ethische und philanthropische Dimensionen darüber,[11] die weiteren Wertungen und Kategorisierungen unterliegen.[12] Ausgehend von der Gewinnerwirtschaftung dienen „codified ethics" als weiterer Schritt zur Einhaltung gesetzlicher und rechtlicher Regulierungen und implizieren die für die Gesellschaft ausschlaggebenden Normen.[13] Die ethische Dimension betrachtet die von der Gesellschaft geforderten, aber nicht gesetzlich verankerten Tätigkeitsbereiche der Unternehmen und hat die über das gesetzlich festgelegte Mindestmaß hinausgehenden Maßnahmen zum Ziel. Die gesellschaftlich gewünschten und geforderten Maßnahmen dienen oftmals als Vorstufe für weitere Gesetze und Regulierungen.[14] Die Spitze der Pyramide bildet die sogenannte Philanthropie, die die gesellschaftlich erwartete Haltung als wünschenswertes, freiwilliges Add-On einnimmt.[15] Die ethische Ebene umfasst grundlegende gesellschaftliche Anforderungen, die bei Nicht-Verfolgung negative gesellschaftliche Auswirkungen hervorrufen würden. Dies ist beim philanthropischen Handeln nicht der Fall (vgl. dazu den Fall TSG 1899 Hoffenheim und Dietmar Hopp).[16] Die Vielzahl der bestehenden Modelle weist durchgehend eine Schwäche auf. Es konnte sich bis dato keiner der zahlreichen Definitions- und Kategorisierungsansätze durchsetzen. Eine weite, normative Interpretation des CSR-Begriffs sieht die Übernahme sozialer Verantwortung über ge-

[9] Vgl. White (2006), S. 6.
[10] Vgl. BMZ (2001).
[11] Vgl. Carroll (1991), S. 40.
[12] Vgl. hier und im Folgenden Carroll (1991), S. 40-43.
[13] Vgl. Carroll (1998), S. 41, 52 f..
[14] Vgl. Keinert (2008), S. 70; Carroll (1991), S. 41, 53 f..
[15] Vgl. Schwerk (2007), S. 21; Carroll (1998), S. 55; Carroll (1991), S. 42.
[16] Vgl. Carroll (1991), S. 43.

setzliche Verpflichtungen und strategisches Eigeninteresse hinaus als unternehmerische Gegenleistung für die Inanspruchnahme nicht-monetärer gesellschaftlicher Leistungen.[17] Eine umfassende literarische Analyse auf Basis vorherrschender CSR-Definitionen im Zeitraum 1980 bis 2003 liefert fünf wesentliche Schlagworte, mit denen CSR definiert werden kann: *(1) Stakeholder, (2) Soziales, (3) Ökonomie, (4) Ökologie, (5) Freiwilligkeit.*[18] Diese fünf Begrifflichkeiten finden in einer heute etablierten Definition Berücksichtigung. Die EU definiert in ihrem Grünbuch CSR als „Konzept, das den Unternehmen als Grundlage dient, auf freiwilliger (5) Basis soziale Belange (2) und Umweltbelange (4) in ihre Unternehmenstätigkeit (3) und die Wechselbeziehungen mit den Stakeholdern (1) zu integrieren".[19] Diese fünf, das CSR-Konstrukt konstituierenden Merkmale haben eine heute weit verbreitete anerkannte Definition aufgegriffen, die in dem von der Europäischen Kommission entwickelten und die europäischen Rahmenbedingungen festlegenden Grünbuch erfasst wurde.[20] CSR wird demnach als „Konzept, das den Unternehmen als Grundlage dient, auf freiwilliger Basis soziale Belange und Umweltbelange in ihre Unternehmenstätigkeit und die Wechselbeziehungen mit den Stakeholdern zu integrieren", definiert.[21] Diese weite Definition der EU berücksichtigt die differierenden kulturellen und institutionellen Anforderungen und Rahmenbedingungen der einzelnen Beteiligten sowie die bestehende Dynamik des CSR-Konstrukts.[22]

Der CSR-Begriff rückte im Zeitablauf immer weiter in den Fokus der Betrachtung, was aufgrund der Unschärfe der Definitionen zu einer starken Fragmentierung des Forschungsfeldes geführt hat. Deshalb ist es wichtig, ein umfassendes Verständnis des CSR-Konzeptes unter Abgrenzung synonymer Begrifflichkeiten zu erlangen.

---

[17] Vgl. Loew et al. (2004), S. 23.
[18] Vgl. Dahlsrud (2008), S. 4-5.
[19] Europäische Kommission (2001), S. 10.
[20] Vgl. Europäische Kommission (2001), S. 10.
[21] Europäische Kommission (2001), S. 10.
[22] Vgl. Europäische Kommission (2001), S. 7.

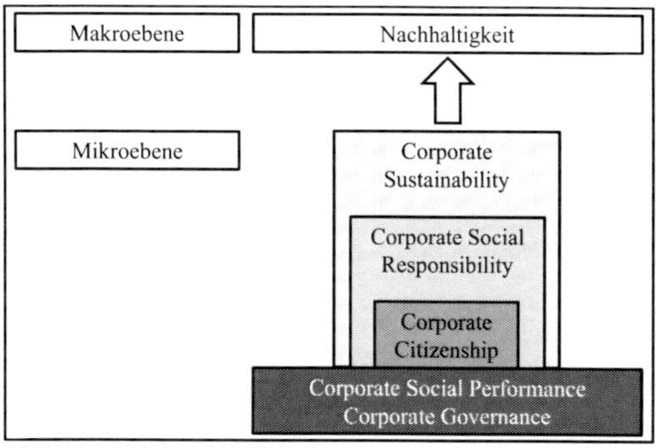

Abbildung 5.1: Nachhaltigkeit und verwandte Konstrukte
Quelle: eigene Darstellung (in Anlehnung an Loew et al. (2004, S. 12))

Wie bereits erwähnt, steht übergeordnet das Konstrukt der Nachhaltigkeit bzw. der nachhaltigen Entwicklung. Auf Unternehmensebene gilt es den Begriff Corporate Sustainability (CS, nachhaltige Unternehmensführung), der sich inhaltlich aus dem Konzept der Nachhaltigkeit ableitet, abzugrenzen. Die Integration und Gleichgewichtung der drei Nachhaltigkeitsdimensionen - ökonomischer Erfolg, soziale Gerechtigkeit und ökologische Verträglichkeit – innerhalb des Unternehmens werden dabei vorausgesetzt.[23] Im Rahmen des Corporate Citizenship (CC) steht die Lösung sozialer Probleme im Sinne einer „assoziativen Bürgergesellschaft" im Mittelpunkt. Das CC-Konstrukt zielt dabei auf die Integration des Unternehmens in das gesellschaftliche Umfeld sowie auf die Übernahme ordnungspolitischer Mitverantwortung ab, um durch diese explizite Fokussierung eine Win-Win-Situation für das Unternehmen und die Gesellschaft herbeizuführen.[24] Gestützt werden diese Begriffe durch das Konstrukt der Corporate Governance (CG), das sich auf Steuerungs-, Kontroll- und Anreizstrukturen im Unternehmen und deren Wirkung auf den Unternehmenserfolg bezieht.[25] Eine enge Fassung versteht darunter lediglich Interessenskonflikte zwischen Unternehmensführung und Shareholdern in Folge von Informationsasymmetrien aufgrund der Trennung von Eigentum und Kontrolle.[26] Die weite Definition hingegen zielt auf die Maximierung des Shareholder Value und somit auf die Steigerung der allgemeinen Wohlfahrt ab,

[23] Vgl. zu den drei Säulen der Nachhaltigkeit Promberger/Spiess/Kössler (2006) sowie Kleine (2009), S. 5-24; Loew et al. (2004), S. 69.
[24] Vgl. Schwerk (2007), S. 14-15; Loew et al. (2004), S. 50, 55; Habisch (2006), S. 41. Wühle vermerkt, dass CC aus einem normativen Konzept heraus entwickelt wurde und durch den Verweis auf die Win-Win-Situation in ein ökonomisches Verständnis übertragen werden kann. Vgl. Wühle (2007), S. 9.
[25] Vgl. Schwerk (2010), S. 179; Promberger/Spiess/Kössler (2006), S. 207.
[26] Vgl. Schwalbach/Schwerk (2007), S. 3.

was wiederum im Interesse aller Stakeholder liegt.[27] Dabei besteht die Notwendigkeit der Schaffung von Institutionen und Mechanismen, die einen Interessenausgleich der Share- und Stakeholder ermöglichen. Die zu ergreifenden Maßnahmen können dabei eine erhöhte Transparenz sowie ein umfassender Anlegerschutz sein.[28] Die Notwendigkeit der Operationalisierung führt zu der Frage nach der tatsächlichen unternehmerischen Verantwortungsleistung und wird mit dem Begriff Corporate Social Performance (CSP) definiert.[29] Dabei steht die Messung der durchgeführten CSR-Maßnahmen hinsichtlich des Einflusses auf den finanziellen Unternehmenserfolg im Fokus der Betrachtung,[30] wobei bisher kein allgemein gültiger Katalog messbarer Merkmaler der unternehmerischen Verantwortungsleistung besteht. Dies führt zu einer Fülle an zum Teil stark differierender Bewertungsmethoden.[31]

Der Grundgedanke, der hinter dem Pyramidenmodell von Carroll steht, sieht neben der wirtschaftlichen und rechtlichen Ebene hinaus noch gesellschaftliche und philanthropische Dimensionen als Wesentlich für die unternehmerische Verpflichtung. CSR sollte gemäß Carroll alle vier Aspekte umfassen, wobei innerhalb der Dimensionen eine Wertung und Kategorisierung unternommen werden kann.[32] Nachfolgende Abbildung zeigt den Aufbau der Pyramide.

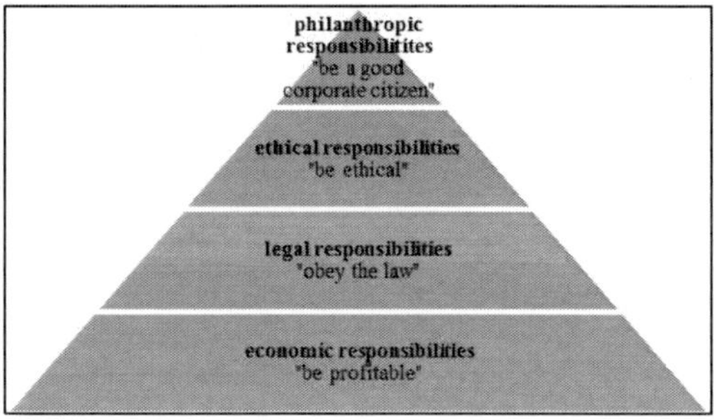

Abbildung 5.2: Pyramidenmodell von Carroll
Quelle: eigene Darstellung (in Anlehnung an Carroll, A.B. (1991, S. 42))

27 Vgl. Schwalbach/Schwerk (2007), S. 3.
28 Vgl. Promberger/Spiess/Kössler (2006), S. 208, Grewe/Löffler (2006), S. 8, Schwalbach/Schwerk (2007), S. 3.
29 Vgl. Loew et al. (2004), S. 23-24.
30 Vgl. Carroll (1979), Sethi (1975), Wartick/Cochran (1985), Wood (1991) sowie Kirstein (2009), S. 49; Loew et al. (2004), S. 23-24.
31 Vgl. de Carlo (2004), S. 1-2.
32 Vgl. hier und im Folgenden Carroll (1991), S. 40-43.

Die ökonomische Verantwortungsebene fungiert innerhalb des Pyramidenmodells als Fundament und zielt in erster Linie darauf ab, Gewinne zu erwirtschaften und dadurch unter Berücksichtigung der Verbraucherinteressen den Unternehmenserhalt zu gewährleisten.[33] Die mit der ökonomischen Verantwortung in Einklang stehende rechtliche Ebene verfolgt die Einhaltung gesetzlicher und rechtlicher Regulierungen und baut auf der ökonomischen auf. Diese „codified ethics" dienen als Basis des gesellschaftlichen und unternehmerischen Zusammenwirkens und implizieren die ausschlaggebenden Normen der Gesellschaft.[34] Als weitere Ebene geht die ethische Dimension über den verpflichtenden Charakter der beiden vorherigen Dimensionen hinaus und betrachtet die von der Gesellschaft geforderten, aber nicht gesetzlich verankerten Tätigkeitsbereiche der Unternehmen. Die Erfüllung unternehmerischer Verantwortung hat dabei diejenigen Maßnahmen zum Ziel, die über das gesetzlich festgelegte Mindestmaß hinausgehen. Der stetige gesellschaftliche Wandel hat somit auch Auswirkungen auf die ethischen Anforderungen innerhalb der Gesellschaft, weshalb auch diese Ebene in Wechselbeziehung mit der rechtlichen Dimension steht. Die gesellschaftlich gewünschten und geforderten Maßnahmen dienen oftmals als Vorstufe für weitere Gesetze und Regulierungen.[35] Als oberste anzustrebende Ebene betrachtet Carroll die philanthropische Verantwortung, wobei der Fokus dabei auf dem Unternehmen als „guter Bürger" im Sinne des Corporate Citizenship liegt. Die Abgrenzung zur ethischen Dimension liegt allein in der von der Gesellschaft erwarteten Haltung der Unternehmen, das heißt Philanthropie bildet dabei ein wünschenswertes Add-on, ist aber keinesfalls ausschlaggebend für das ethische Unternehmenshandeln.[36] Die ethische Ebene umfasst vielmehr grundlegende gesellschaftliche Anforderungen und würde bei Nicht-Verfolgung negative Auswirkungen innerhalb der Gesellschaft hervorrufen. Dies ist beim philanthropischen Handeln nicht der Fall.[37]

5.3 Funktionen der Marketingsteuerung

Die Marketingsteuerung ist die letzte Phase im Marketingmanagement und betrachtet die Kontrolle der Marketingaktivitäten. Dabei können neben klassischen Marketingkontrollinstrumenten, wie z.B. Soll-Ist-Vergleiche, auch umfassende Auditingverfahren

[33] Vgl. Carroll (1991), S. 40.
[34] Vgl. Carroll (1998), S. 41, 52 f..
[35] Vgl. Keinert (2008), S. 70; Carroll (1991), S. 41, 53 f..
[36] Vgl. Schwerk (2007), S. 21; Carroll (1998), S. 55; Carroll (1991), S. 42.
[37] Vgl. Carroll (1991), S. 43.

eingesetzt werden.[38] Das Marketingcontrolling hat sich von der reinen Kontrollfunktion zu einem umfassenden Modell zur Ableitung von taktischen und strategischen Marketingentscheidungen auf Unternehmens-, Kunden- und Marktebene gewandelt.[39] Aufgrund enger Interdependenzen entlang der gesamten Planung, Durchführung und Kontrolle der Marketingmaßnahmen wird das Marketingcontrolling heute mehr als durch eine koordinierte Informationsversorgung zugrunde gelegten Steuerungshilfe verstanden.[40] Das übergeordnete Ziel der Marketingsteuerung liegt demnach in der „Sicherstellung der Effizienz und Effektivität einer marktorientierten Unternehmensführung. Dies geschieht durch die Koordination der marktbezogenen Informationsversorgung mit der Marketingplanung und Marketingkontrolle".[41] Daraus lassen sich auch die zentralen Funktionen der Marketingsteuerung ableiten.

5.3.1 Informationsfunktion

Unternehmensinterne als auch -externe Informationen stellen für die Entscheidungsfindung einen großen Bestandteil gerade im Marketing dar. Die benötigten Informationen können dabei anhand von Primär- und Sekundärforschungsmethoden erlangt werden.[42] Wichtig bei der Informationsgenerierung ist die Genauigkeit und Verdichtung der Informationen am richtigen Ort und zum richtigen Zeitpunkt.[43] Der Informationsprozess kann dabei in drei Phasen gegliedert werden. Zum einen dient die Informationsbedarfsanalyse zur Festlegung der für die Marketingentscheidung notwendigen Informationen. Problematisch ist hierbei die Feststellung der Relevanz der einzelnen Informationen bereits am Anfang.[44] In einem weiteren Schritt wird im Rahmen der Informationsbeschaffung und -aufbereitung die Erhebung der notwendigen Daten vorgenommen. Dies kann sowohl intern als auch extern mithilfe von Primär- und Sekundärforschung erfolgen. Im Rahmen der Aufbereitung der gesammelten Informationen erfolgt eine Selektion, Gewichtung und Aggregation der gewonnenen Informationen sowie eine zeitnahe Speicherung.[45] Als letzter Schritt erfolgt die Informationsübermittlung, bei der die Informationen rechtzeitig den anfragenden Stellen zur Verfügung gestellt

[38] Vgl. Bruhn (2010), S. 293
[39] Vgl. Bauer et al. (2006).
[40] Vgl. Schwarz (2005); Zerres (2005); Link et al. (2006); Reinecke/Janz (2007).
[41] Bruhn (2010), S. 294.
[42] Vgl. Bruhn (2010), S. 296.
[43] Vgl. Horvath (2008).
[44] Vgl Bruhn (2010), S. 296.
[45] Vgl. Reinecke/Janz (2007), S. 65 ff.; Bruhn (2010), S. 296.

werden.[46] Innerhalb der einzelnen Phasen stehen unterschiedliche Methoden zur Verfügung.

Informationsbedarfsermittlung	Aufgabenanalyse Dokumentenanalyse Informationskataloge Methode der kritischen Erfolgsfaktoren
Informationsbeschaffung und –aufbereitung	Methoden aus den Bereichen: Rechnungswesen Marktforschung Database Management Außendienstberichte
Informationsübermittlung	Standardberichte Abweichungsberichte Bedarfsberichte

Tabelle 5.1: Instrumente des Marketingcontrollings
Quelle: eigene Darstellung (in Anlehnung an Horvath (2008, S. 329 ff.))

5.3.2 Planungsfunktion

Die Planungsfunktion dient der Sicherstellung eines kontinuierlichen und konsistenten Planungsprozesses und bezieht sich auf die einzelnen Phasen des Planungsprozesses.[47] Mit Hilfe der Situationsanalyse werden dabei unterschiedliche Szenarien im Hinblick auf Umwelt- und Unternehmensentwicklungen untersucht und mögliche Bedrohungen, aber auch Chancen im Sinne eines Frühwarnsystems identifiziert und aufgedeckt.[48] Bei der Festlegung der Marketingpläne obliegen der Marketingsteuerung die Abstimmung der einzelnen Pläne mit dem Unternehmensplan sowie die Bewertung von Marketingstrategien und -maßnahmen zur Ableitung von Handlungsempfehlungen.[49] Des Weiteren wird innerhalb der Planung die Festlegung des Marketingbudgets unterstützt.[50] Innerhalb der Planung ist aufgrund der meist getrennten Organisationsbereichen eine Abstimmung zwischen strategischen und operativen Marketingplänen erforderlich.[51] Dabei kommen auch wieder unterschiedliche Methoden zum Einsatz.

[46] Vgl. Horvath (2008); Bruhn (2010), S. 296.
[47] Vgl. Bruhn (2010), S. 297.
[48] Vgl. Bruhn (2010), S. 297 f..
[49] Vgl. Palloks (1991), S. 144.
[50] Vgl. Bruhn (2010), S. 298.
[51] Vgl. Köhler (2006), S. 50 f..

Strategische Marketingplanung	Früherkennungssysteme SWOT-Analyse Erfahrungskurvenanalyse Lebenszyklusanalyse Kundenportfolios Benchmarking Positionierungsstudien
Operative Marketingplanung	Break-Even-Analyse Sortimentsplanung Nutzwertanalysen Kurzfristige Budgetierung

Tabelle 5.2: Auswahl bestimmter Instrumente der Marketingplanung
Quelle: eigene Darstellung (in Anlehnung an Link/Weise (2006, S. 29); Köhler (2006, S. 51))

Innerhalb des Marketing-Mix kann noch eine weitere Unterteilung der eingesetzten Methoden erfolgen. Besonders hervorzuheben lässt sich dabei der Bereich der Kommunikationspolitik, innerhalb dessen Maßnahmen und Methoden wie z.B. Sponsoring und Verkaufsförderung zum Einsatz kommen. Gerade im Bereich des Kommunikationscontrollings besteht noch Forschungs- und Handlungsbedarf für die Praxis.[52]

5.3.3 Kontrollfunktion

Die Kontrollfunktion überprüft die Erreichung der festgelegten Ziele, Strategien und Maßnahmen und bildet den Ausgangspunkt für notwendige Veränderungen und Anpassungen in den Bereichen.[53] Die Marketingkontrolle wird demnach als „eine kontinuierliche, systematische Überprüfung sämtlicher Marketingprozesse und deren jeweiliger Informationsgrundlage". Aufgrund der Interdependenzen der einzelnen Funktionsbereiche ist „eine Planung ohne Kontrolle [...] nicht zweckmäßig und eine Kontrolle ohne Planung nicht denkbar".[54]

Die Kontrolle der Marketingaktivitäten umfasst dabei zwei Bereiche: die klassische Kontrolle sowie das Marketing-Auditing. Nachfolgende Abbildung verdeutlicht die Ausgestaltung der beiden Bereiche graphisch.

[52] Vgl. Brockes (2006); Gedenk (2006).
[53] Vgl. Bruhn (2010), S. 300
[54] Bruhn (2010), S. 300.

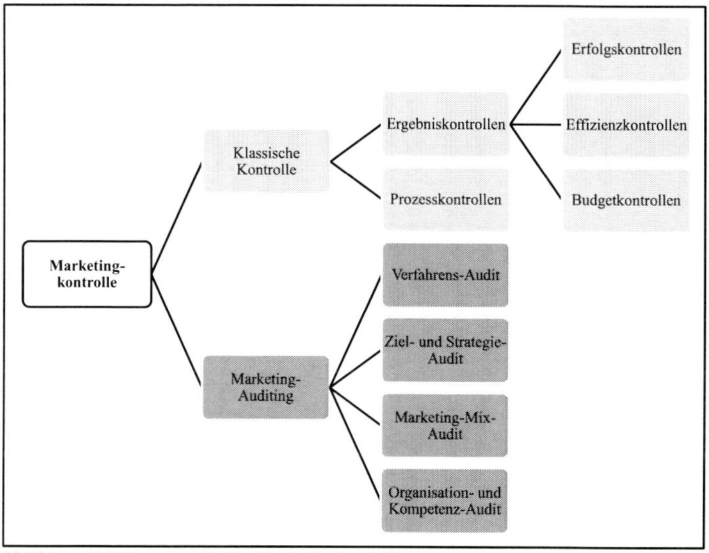

Abbildung 5.3: Instrumente der Marketingkontrolle
Quelle: eigene Darstellung

Dem Marketing-Audit wird heutzutage aufgrund seiner zukunftsweisenden Betrachtungsweise vermehrt Beachtung geschenkt. Die zentralen Aspekte liegen dabei zum einen in der Beobachtung der strategischen Marktposition, d.h. in der Gegenüberstellung der eigenen Marktposition mit derer konkurrierender Unternehmen sowie in der Erfassung der Position bei Absatzmittlern und Kunden. Die Offenlegung und Erfassung von Chancen und Risiken im Markt steht dabei im Fokus.[55] Zum anderen erfolgt die Überprüfung der strategischen Marketingpläne anhand vorher festgelegter Zielgrößen. Des Weiteren wird auf die Einhaltung bei der Implementierung der Marketingstrategien auch in Bezug auf die Marketingphilosophie überprüft.[56] Ferner spielt die Überprüfung der Planungsprämissen eine wichtige Rolle. Dabei werden Prämissen über die Entwicklung des Unternehmens, der Marktteilnehmer sowie des Unternehmensumfeldes betrachtet und überprüft.[57] Die Überprüfung der Marketingorganisation stellt den letzten zentralen Aspekt des Marketing-Audits dar. Im Mittelpunkt dabei stehen Aspekte der Ablauf- und Aufbauorganisation sowie auftretende Schwierigkeiten und Interdependenzen.[58]

[55] Vgl. Bruhn (2010), S. 307; Köhler (1993).
[56] Vgl. Bruhn (2010), S. 307.
[57] Vgl. Bruhn (2010), S. 308.
[58] Vgl. Bruhn (2010), S. 308.

5.3.4 Koordinationsfunktion

Die Marketingsteuerung steht als Querschnittfunktion oftmals im Spannungsfeld der einzelnen Unternehmensbereiche.[59] Die Koordinationsfunktion versucht deshalb, die bestehenden Interdependenzen bei der Umsetzung des Marketingcontrollings zu minimieren. Schnittstellen in diesem Bereich bestehen mitunter im Bereich des Rechnungswesens sowie der Marktforschung.[60] Das Problem der Bereitstellung von Informationen liegt oftmals in der „falschen" Aufbereitung der Daten, d.h. die Informationen decken nicht den Bedarf der Entscheidungsträger. Es muss dabei häufig eine Anpassung an marketingbezogene Anforderungen erfolgen.[61] Des Weiteren bestehen hinsichtlich der einzelnen organisatorischen Einheiten Unterschiede bezüglich der benötigten Informationen (Aggregation, Strukturiertheit...). Die Koordinationsfunktion übernimmt dementsprechend eine Anpassung der Informationsversorgung für die jeweiligen organisatorischen Einheiten (z.B. Produktmanager, Key Account Manager...).[62]

Ein weiterer zentraler Aspekt, der innerhalb der Koordinationsfunktion zum Tragen kommt, ist die Ansiedlung des Marketingcontrollings. Dieses kann zum einen innerhalb des zentralen Controllings erfolgen, wobei hierbei die Nähe zum Marketingmanagement als problematisch angesehen werden kann.[63] Ebenso kann das Marketingcontrolling als eigenständige Abteilung etabliert werden, wobei sich jedoch Schwierigkeiten an den Schnittstellen zu anderen Bereichen ergeben können. Hier zeigt sich auch wieder die Wichtigkeit der Koordinationsfunktion, die die Notwendigkeit der inhaltlichen Verzahnung als den anderen übergeordnete Funktion erleichtern soll.[64]

5.4 Nachhaltige Marketingsteuerung im Marketing-Mix

Die Grundlage der Marketingsteuerung wird mithilfe eines Prozesses definiert, der ausgehend von einer Analyse über die Planung und Implementierung in der Kontrolle der eingesetzten Mittel vollzogen wird. Dabei ist es wichtig, die aktuelle Unternehmenssituation genau und detailliert zu erfassen, um daraus die verfolgten Strategien ableiten und dann auch im Unternehmen implementieren zu können. Im Bereich des Nachhaltigkeitsmarketings stehen „grüne" Aspekte im Vordergrund, wobei auch hier

---

[59] Vgl. Bruhn (2010), S. 309.
[60] Vgl. Reinecke/Janz (2007), S. 60.
[61] Vgl. Köhler (2006), S. 48.
[62] Vgl. Bruhn (2010), S. 309.
[63] Vgl. Köhler (2006), S. 47 f..
[64] Vgl. Bruhn (2010), S. 310.

unterschiedliche Strategietypen unterschieden werden können. Im Rahmen der Implementierung dieser Aspekte ist es deshalb unabdingbar, diese bereits auch innerhalb der Funktionen zu berücksichtigen. Im Großen und Ganzen können gemäß einer Studie von Ginsberg/Bloom vier unterschiedliche Green Marketing Strategien unterschieden werden.[65] Diese haben Auswirkungen auf die Gestaltung der einzelnen Marketing-Mix-Bereiche. Je „grüner" die Einstellung des Konsumenten, desto einfacher ist die Akzeptanz und Umsetzung innerhalb des Marketing-Mix.

5.4.1 Green Marketing Strategien

Die Einstellung des Konsumenten kann dabei anhand fünf unterschiedlicher Konsumentensegmenten erfasst werden.

1) True Blue Greens (9%): Konsumenten dieser Gruppe haben starke ökologische Werte und Ansichten, die sie auch aktiv leben und gestalten, um dadurch eine positive Veränderung im Denken der anderen Konsumenten zu erzielen. Die Vermeidung nicht-ökologischer Produkte liegt innerhalb dieser Gruppe viermal höher als bei anderen Kundensegmenten.[66]
2) Greenback Greens (6%).Greenback Greens sind ähnlich aktiv und positiv eingestellt wie True Blue Greens, jedoch ohne politische Aktivität.[67]
3) Sprouts (31%): Konsumenten vertreten hier die Meinung, dass ökologisches Handeln wichtig ist, ein höherer Preis für Produkte jedoch nur ungern gezahlt wird.[68]
4) Grousers (19%): Diese Gruppe von Konsumenten ist eher ungebildet bezüglich ökologischer Belange. Für sie sind höhere Preise grüner Produkte nicht gerechtfertigt, weshalb sie eine Abneigung auch aufgrund nicht gleichwertiger Qualität gegenüber diesen hegen.[69]
5) Basic Browns (33%): Basic Browns kümmern sich nicht um ökologische Belange, da sie im täglichen Leben zu sehr eingespannt sind. Sie stehen grünen Produkten neutral gegenüber, da sie sich mit diesen noch nicht auseinandergesetzt haben und dies auch nicht aufgrund Zeitmangels tun werden.[70]

[65] Vgl. Ginsberg/Bloomberg (2004).
[66] Vgl. Ginsberg/Bloomberg (2004), S. 80.
[67] Vgl. Ginsberg/Bloomberg (2004), S. 80.
[68] Vgl. Ginsberg/Bloomberg (2004), S. 80.
[69] Vgl. Ginsberg/Bloomberg (2004), S. 80.
[70] Vgl. Ginsberg/Bloomberg (2004), S. 80.

Bei der Implementierung sog. Green Marketing Strategies ist es auf Grundlage dieses Wissens für Unternehmen unabdingbar, nachfolgende zwei Fragen im Vornherein zu beantworten:

1) Wie wesentlich ist das grüne Konsumentensegment für das Unternehmen bzw. kann durch eine grüne Strategie der Umsatz gesteigert werden?
2) Kann die Marke oder das Unternehmen in grüne Dimensionen unterteilt werden bzw. stehen genügend Ressourcen für die Umsetzung einer grünen Strategie zur Verfügung?[71]

Ginsberg/Bloom entwickelten auf Basis der Konsumentensegmente und der unternehmensrelevanten Fragen eine Green Marketing Strategy Matrix und empfehlen Unternehmen dabei: „Companies should consider the likely size of the green market in their industry as well as their ability to differentiate their products on „greenness" from those of competitors before choosing one of the strategies in the matrix".[72]

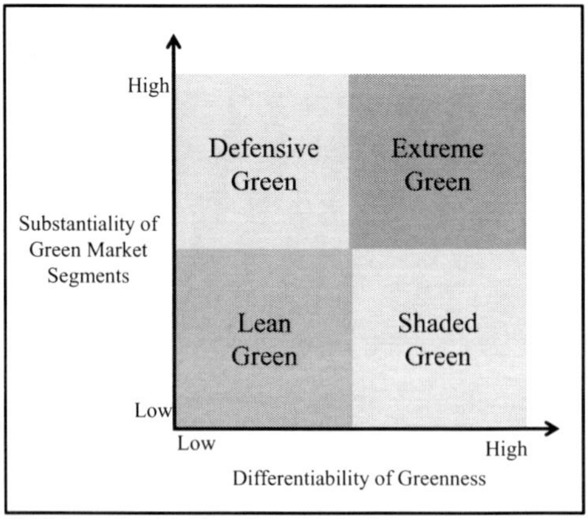

Abbildung 5.4: Matrix grüner Strategien
Quelle: eigene Darstellung (in Anlehnung an Gins-berg/Bloomberg (2004, S. 81))

Die Lean Green Strategie versucht im Sinne eines guten Bürgers zu agieren, legt jedoch den Fokus der Unternehmenstätigkeit eher auf die Reduktion von Kosten und die Optimierung von Prozessen, ohne dabei die ökologischen Aktivitäten hervorzuheben. Unternehmen dieser Sparte sehen die Vorteile der Umsatzsteigerung durch Implementierung einer grünen Strategie nicht, weshalb es sich hierbei oft um Unter-nehmen

[71] Vgl. Ginsberg/Bloomberg (2004), S. 81.
[72] Ginsberg/Bloomberg (2004), S. 81.

handelt, die sich nicht von der Konkurrenz unterscheiden.[73] Die defensive Strategie leben eine grüne Strategie als vorbeugende Maßnahme, um negativen Schlagzeilen entgegenwirken und entkräften zu können. Defensive Unternehmen kommunizieren die grünen Aktivitäten eher sporadisch und zeitlich unregelmäßig und wollen sich auch dadurch nicht gezielt von konkurrierenden Unternehmen abheben.[74] Ihre Auffassung liegt darin, dass „aggressive promotion of greenness would be wasteful and would create expectations that could not be met".[75] Unternehmen, die eine Shaded Green Strategie verfolgen, machen dies unter dem Gesichtspunkt einer langfristigen und systemübergreifenden Implementierung innerhalb der gesamten Unternehmensprozesse.[76] Diese Unternehmen sehen darin die Möglichkeit, „to develop innovative needs-satisfying products and technologies that result in a competitive advantage".[77] Im Vordergrund steht die Kommunikation der vermögensbildenden Benefits. In einem weiteren Schritt werden dann ökologische Komponenten im Rahmen der Kommunikation berücksichtigt.[78] Bei der Verfolgung einer Extreme Green Strategy sind sämtliche ökologische Belange im gesamten Wertschöpfungsprozess integriert. Verfolger dieser Strategie sind häufig in Nischenmärkten angesiedelt und nutzen spezielle Distributionskanäle wie z.B. eigene Stores.[79]

Diese übergeordneten Strategien finden dementsprechend nicht nur auf Unternehmens-, sondern auch auf Bereichsebene statt. So kann im Bereich des Marketing-Mix ebenfalls eine Berücksichtigung der einzelnen Strategien in den Bereichen Product, Price, Place, Promotion erfolgen.[80] Jedoch eignet sich nicht jede Strategie für die einzelnen Marketing-Mix-Bereiche.

[73] Ein Beispiel hierfür ist der Konzern Coca Cola, der einige ökologische Maßnahmen, wie z.B. Recyclingaktivitäten, ergriffen, diese jedoch nicht nach außen kommuniziert hat. Vgl. Ginsberg/Bloomberg (2004), S. 81.
[74] Vgl. Ginsberg/Bloomberg (2004), S. 81 f..
[75] Ginsberg/Bloomberg (2004), S. 82.
[76] Vgl. Ginsberg/Bloomberg (2004), S. 82.
[77] Polonsky/Rosenberger (2001).
[78] Vgl. Ginsberg/Bloomberg (2004), S. 82.
[79] Vgl. Ginsberg/Bloomberg (2004), S. 83.
[80] Vgl. Ginsberg/Bloomberg (2004), S. 82.

	Product	Price	Place	Promotion
Lean	X			
Defensive	X			X
Shaded	X	X		X
Extreme	X	X	X	X

Tabelle 5.3: Umsetzung grüner Strategien im Marketing-Mix
Quelle: eigene Darstellung (in Anlehnung an Ginsberg/Bloomberg (2004, S. 82))

Mit Hilfe der Lean Strategie können innerhalb der Produktpolitik sämtliche Bereiche von der Produktentwicklung über das Design bis hin zum Produktionsprozess „grün" gestaltet werden. Im Rahmen der defensiven Strategie liegt der Fokus auf der Produkt- und Kommunikationspolitik. Die Shaded Strategie hingegen bindet die „Greenness" zusätzlich noch in die Preispolitik ein, indem versucht wird, mit der Einführung von „Greenness" Kostenersparnisse zu erzielen. Umfassende Berücksichtigung in allen vier Bereichen kann lediglich anhand der Extreme Strategie erreicht werden. Hierbei finden alle Bereich unter grünen Aspekten produziert, kommuniziert und vertrieben.[81] Die Möglichkeiten der Umsetzung innerhalb der einzelnen Marketing-Mix-Bereiche sind vielfältig und oftmals nicht abschließend aufzuführen.

5.4.2 Nachhaltige Produktpolitik

Im Vordergrund der nachhaltigen Produktpolitik steht in einem Schritt die Erfassung und Erhebung der bei den Produkten vorliegenden ökologischen Produkteigenschaften unter stetiger Berücksichtigung der Koordinationsfunktion der Marketingssteuerung. In einem weiteren Schritt kann dann eine Bewertung und Anpassung dieser vorgenommen werden. Grundsätzlich kann festgehalten werden, dass es keine absolut nachhaltigen Produkte im eigentlichen Sinn gibt. Es können lediglich Produkte ausgemacht werden, die einen weniger großen (negativen) Einfluss auf die Umwelt und Gesellschaft ausüben. Die Beurteilung der Nachhaltigkeit innerhalb der Produktpolitik ist nur dann möglich, wenn dementsprechende Instrumente vorhanden sind, die eine Gewichtung ermöglichen.[82]

[81] Vgl. Ginsberg/Bloomberg (2004), S. 82.
[82] Vgl. Spiller et al. (2007), S. 2.

Die gesamte Wertschöpfungskette sollte hinsichtlich der Umweltverträglichkeit – von der Rohstoffgewinnung bis hin zum Recycling – analysiert werden. Erst dann können Aussagen über Potentiale und Chancen getätigt werden.[83] Ferner sollte sich die Analyse nicht auf einzelne Schadstoffe oder Materialien bei Produkten fokussieren, sondern eine problemübergreifende Betrachtung erfolgen, das heißt erst sollten auch die Auswirkungen auf Flora und Fauna sowie soziale und gesellschaftliche Aspekte berücksichtigt werden.[84] Als letzter wichtiger Punkt steht die Produktnutzung im Vordergrund, die sich optimalerweise durch eine lange Lebensdauer und vielfältige Einsatzmöglichkeiten auszeichnet.[85] Bei Tischner finden sich praktische Ansatzpunkte für eine nachhaltige Produktoptimierung. Er unternimmt eine Unterteilung mit Beispielen innerhalb der Wertschöpfungskette in folgende Phasen:

- Herstellungsphase: Materialeinsatz, nachwachsende Rohstoffe, Ausschussrate, Werkstoffvielfalt, Abfallintensität, Energieeinsatz, Schadstoffe,
- Transportphase: Transportentfernungen, Transportverpackungen,
- Gebrauchs- und Verbrauchsphase: Flächenbedarf, Schadstoffe, Langlebigkeit, Korrosionsbeständigkeit, Reparaturfähigkeit, Standardisierung,
- Rückführungs- und Entsorgungsphase: Zerlegbarkeit, Reinigungsaufwand, Wieder-/ Weiterverwertbarkeit, Kompostierbarkeit.[86]

Die hier aufgeführten Kriterien sind keinesfalls ausschließlich zu betrachten. Inner-halb der Praxis können auch nur vereinzelte Aspekte berücksichtigt werden. Wichtig dabei ist jedoch die adäquate Prioritätensetzung, das heißt dass je nach Produkten und Branche unterschiedliche Schwerpunktsetzungen und Fokussierungen notwendig sind.[87] Oftmals führt eine falsche Priorisierung zu Zielkonflikten zwischen den einzelnen Anforderungsansprüchen. Die Lösung des Problems sollte in einer Abwägung der betrachteten Aspekte und in einem Festlegen der relevanten Kriterien bestehen, wobei hier die Koordinationsfunktion im Mittelpunkt des Agierens steht.[88] Konkret können nachhaltige Aspekte innerhalb der Produktpolitik bei der Verpackungsgestaltung, dem

[83] Vgl. Spiller (1996), 347ff.; Tischner (2001), 119ff..
[84] Vgl. Spiller (1996), 347ff.; Tischner (2001), 119ff..
[85] Vgl. Spiller (1996), 347ff.; Tischner (2001), 119ff..
[86] Vgl. Tischner (2001), S. 131.
[87] Vgl. Kreibich (1994), S. 20.
[88] Vgl. Spiller et al. (2007), S. 4.

Service/Kundendienst und bei Garantieleistungen (z.B. durch Reinigungs- und Wartungsarbeiten, Produktrücknahme und Entsorgung) umgesetzt und implementiert werden.[89]

5.4.3 Nachhaltige Preispolitik

Die innerhalb der Preispolitik zu treffenden Entscheidungen hängen in erster Linie von der Zahlungsbereitschaft der Konsumenten, den Preisen der Konkurrenz sowie von den unternehmensinternen Herstellkosten ab.[90] Diese grundlegenden Aspekte werden dann noch durch weitere nachhaltige Komponenten beeinflusst und verändert. Eine Festlegung und Überprüfung preisrelevanter Aspekte erfolgt erneut unter der Berücksichtigung der mit der Marketingsteuerung zusammenhängenden Funktionen. Die Koordinationsfunktion nimmt dabei eine vermittelnde Rolle ein. Unstrittig dabei ist, dass nachhaltige Produkte und Produktionsverfahren höhere Kosten aufgrund

- fehlender Synergieeffekte in Logistik und Produktion,
- einer höheren Arbeitsintensität,
- geringeren Spezialisierungsvorteilen,
- unausgereifteren Produktionsverfahren,
- höheren Kosten für kleinbetriebliche Distribution sowie
- Zertifizierungs- und Lizenzierungsgebühren

verursachen.[91] Dies führt dazu, dass beim Konsumenten eine erhöhte Zahlungsbereitschaft vorliegen muss, um nachhaltige Produkte überhaupt absetzen zu können. Die Zahlungsbereitschaft wird dabei durch Glaubwürdigkeit und Vertrauen in die Produkte und deren Qualität generiert und erreicht.[92] Das zentrale Planungsinstrument des strategischen Kostenmanagements ist daher das Konzept der Kostentreiber, sprich es werden Kostenverursachungsfaktoren analysiert und optimiert.[93] Auch hier erfolgt ein Blick über die komplette Wertschöpfungskette hinweg, um dadurch Erfahrungskostenvorteile generieren zu können. Wichtig für das Nachhaltigkeitsmarketing im Bereich der Preispolitik ist, dass der Konsument die Nachhaltigkeit der Produkte erkennt und somit bereit ist, einen höheren Preis zu bezahlen. Durch den Aufbau von Vertrauen

[89] Vgl. Spiller et al. (2007), S. 4 f..
[90] Vgl. Spiller et al. (2007), S. 19.
[91] Vgl. Wendt (1999), S. 98.
[92] Vgl. dazu auch die Studie des BMU unter BMU (2000), S. 36f..
[93] Vgl. Spiller et al. (2007), S. 23.

und durch Ehrlichkeit lässt sich schließlich ein langfristig positives Preisimage beim Konsumenten aufbauen.[94]

5.4.4 Nachhaltige Distributionspolitik

Im Rahmen der Distributionspolitik steht die Sicherstellung einer ausreichenden Zugänglichkeit des Angebots für den Endabnehmer unter stetiger Berücksichtigung der im Rahmen der Marketingsteuerung relevanten Funktionen im Vordergrund.[95] Die Distribution von Waren ist nachhaltig, sofern auf emissionsarme Logistik zurückgegriffen wird. Möglichkeiten bestehen in einem Umstieg auf die Bahn, durch die Nutzung von Schiffswegen sowie in einer optimierten Lagerhaltung und einer Bündelung von Warenströmen. Logistische Entscheidungen werden dahingehend getroffen, dass ein optimierter Einsatz von Transportmaterialien sowie die Einführung von Mehrwegsystemen angestrebt werden. Des Weiteren kann durch dezentrale Lagerstätten der Transportweg verringert und somit ein Beitrag zum Umweltschutz geleistet werden.[96]

Ein weiterer wichtiger Aspekt der Distributionspolitik befasst sich mit der richtigen Auswahl der Absatzmittler im Handel sowie in der optimalen Ausgestaltung des Absatzkanals.[97] Das Ziel der höchst möglichen Umsatzgenerierung sollte dabei jedoch nicht zu Lasten ökologischer und sozialer Aspekte gehen. Deshalb ist es wichtig, den Handel als sog. Gatekeeper zu gewinnen, d.h. ihn als Entscheidungsträger über die Verbreitung und Vermarktung nachhaltiger Produkte bereits sehr früh einzubinden.[98] Das Ziel liegt in einer adäquaten Ausgestaltung durch vertragliche Vertriebssysteme als Vertragshändler oder Franchise-Nehmer.[99] Der Nutzen und auch die Aufgabe des Absatzmittlers liegen im Aufbau und in der Sicherung der Glaubwürdigkeit. Ferner steht die Kommunikation der Nachhaltigkeit der Produkte gegenüber den Stakeholdern des Unternehmens im Fokus des Betätigungsfeldes.[100]

5.4.5 Nachhaltige Kommunikationspolitik

Die Kommunikationspolitik bündelt in ihrer Funktion alle Bestandteile des Marketing-Mix und kommuniziert dementsprechend die einzelnen Aspekte gegenüber Share- und

[94] Vgl. Spiller et al. (2007), S. 24 f..
[95] Vgl. Spiller et al. (2007), S. 33.
[96] Vgl. Spiller et al. (2007), S. 32.
[97] Vgl. Spiller et al. (2007), S. 36.
[98] Vgl. Lewin (1963); Hansen (1988, 1992); Kull (1998).
[99] Vgl. Spiller et al. (2007), S. 35.
[100] Vgl. Mattmüller (2001), S. 68.

Stakeholdern.[101] Einen wesentlichen Einfluss erfuhr die Kommunikationspolitik durch die fortschreitende Entwicklung des medialen Angebots, was folglich gestiegene Anforderungen an die Kommunikationspolitik mit sich bringt.[102] Die große Gefahr dabei besteht in einem „information overload" bei den Konsumenten aufgrund eines äußerlich nicht mehr zu differenzierenden Überangebots.[103] Im Rahmen des Nachhaltigkeitsmarketings steht auch hier die Bekanntheit und Glaubwürdigkeit der nachhaltigen Produkte im Vordergrund. Die kommunikationspolitischen Maßnahmen können dabei Verkaufsförderung, PR- und Öffentlichkeitsarbeit, Sponsoring sowie Online-Marketing und Direkt-Werbung umfassen.[104] Dabei sollte beim Erstellen eines nachhaltigen Werbekonzeptes zwischen involvierten und „normalen" Konsumenten unterschieden werden (vgl. dazu nachfolgende Tabelle).

Werbung für zielgruppenspezifische, hoch involvierte Umwelt- und Sozialaktivisten	Werbung mit Nachhaltigkeit als Zusatzargument
Hoher Informationsanteil	Vermittlung positiver Emotionen
Aufbau von Glaubwürdigkeit und Vertrauen	Vermeidung traditioneller ökologischer Symbole und Begriffe
Ansprache eines post-materiellen Lebensstils	Teure Produkte als Prestigekonsum
Aufbau neuer Marken	Anknüpfen an bereits profilierte Marken
Verstärkung des bisherigen Verhaltensmusters → Betonung der Gemeinschaft	Reaktanzeffekte (Betonung negativer Konsequenzen) vermeiden
Eindeutige Position beziehen	Nicht einseitig argumentieren → Gegenargumente vorwegnehmen
Glaubwürdigkeit mit Hilfe nachhaltigkeitsbezogener Testimonials aufbauen	Prominente Testimonials zum Aufbau von Glaubwürdigkeit

Tabelle 5.4: Konzeptmöglichkeit für nachhaltige Produkte
Quelle: eigene Darstellung (in Anlehnung an Spiller et al. (2007, S. 56)

Wichtig dabei für das Nachhaltigkeitsmarketing ist eine richtige „Dosierung" der wissenschaftsorientierten „grünen" Informationen, dass es nicht zu einem „green over-kill" und zu Sättigungserscheinungen kommt.[105] Für das „richtige" Maß an grünen Aspekten können wieder die einzelnen Funktionen der Marketingsteuerung zu Hilfe genom-

[101] Vgl. Spiller et al. (2007) S. 43.
[102] Vgl. Spiller et al. (2007), S. 44.
[103] Vgl. Merten (1994), S. 155.
[104] Vgl. Spiller et al. (2007), S. 48 ff..
[105] Vgl. Lichtl (1999), S. 87.

men werden. Ein weiteres zu beachtendes Kriterium betrifft den Aufbau der Glaubwürdigkeit, der sich unter Umständen über einen längeren Zeitraum hinziehen kann und als Basis für den Aufbau eines grünen Images und Vertrauens fungiert.[106] Des Weiteren kann es bei der Ansprache von Umwelt- und Sozialproblemen auf Konsumentenseite zu Angstgefühlen und Verdrängungseffekten kommen. Negative Gefühle erzeugen zwar eine hohe Aufmerksamkeit, können jedoch in ein Negativ-Image der Marke umschlagen.[107] Allgemein bestätigt wurde der Umstand, dass Umweltwerbung lediglich bei hoch involvierten Konsumenten zum Tragen kommt.[108]

5.5 Fazit

Generell kann festgehalten werden, dass es sich beim Nachhaltigkeitsmarketing um ein sehr aktuelles und noch keinerlei vollkommen erfasstes Themengebiet handelt. Für die einzelnen Unternehmen besteht ein enormes Potenzial. Neben dem allgemein bekannten CSR-Konstrukt besteht für Unternehmen die Möglichkeit, dieses Konstrukt und seine Teilbereiche (z.B. Corporate Citizenship) mit Leben zu füllen, das heißt innerhalb des Marketings eine Fokussierung und Herausstellung der grünen Kriterien durchzuführen. Dabei können im Marketing-Mix sowohl innerhalb der Produkt- und Preispolitik als auch im Rahmen der Distributionspolitik ökologische und soziale Aspekte implementiert werden. Die Kommunikationspolitik bündelt im Ergebnis die einzelnen Maßnahmen und kommuniziert diese gegenüber den Stakeholdern des Unternehmens. Bei der Umsetzung besteht kein abschließender Maßnahmenkatalog. Es muss dabei unternehmens- und branchenspezifisch untersucht werden, welche Maßnahmen durchführbar und umsetzbar sind. Ein wichtiger Aspekt für die Umsetzung betrifft über den gesamten Marketing-Mix hinweg die Berücksichtigung und Implementierung der Funktionen der Marketingsteuerung, um bereits in einem frühen Stadium mögliche Interdependenzen zwischen den zahlreichen Aspekten zu erfassen und dementsprechend planen zu können.

[106] Vgl. Spiller et al. (2007), S. 54.
[107] Vgl. Toscani (1995).
[108] Vgl. Spiller et al. (2007), S. 55.

Literaturverzeichnis

Balik, M./Frühwald, C. (2006): Nachhaltigkeitsmanagement, Saarbrücken 2006.

Bassen, A./Jastram, S./Meyer, K. (2005): Corporate Social Responsibility. Eine Begriffserläuterung, in: Zeitschrift für Wirtschafts- und Unternehmensethik (ZFWU) Vol. 6, Heft 2, 2005, S. 231-236.

Bauer, H.H./Stokburger, G./Hammerschmidt, M. (2006): Marketing Performance. Messen– Analysieren – Optimieren, Wiesbaden 2006.

Bundesministerium für Umwelt, Naturschutz und Reaktorsicherheit (BMU) (2000): Umweltbewusstsein in Deutschland 2000. Ergebnisse einer repräsentativen Bevölkerungsumfrage. Berlin 2000.

Bundesministerium für wirtschaftliche Zusammenarbeit und Entwicklung (BMZ) (2011): online verfügbar unter http://www.csr-weltweit.de/ueber-csr/index.nc.html, abgerufen am 13.03.2011.

Bowen, H.R. (1953): Social Responsibilities of the Businessman, New York 1953.

Brockes, H.-W. (2006): Sponsoring-Controlling, in: Reinecke, S./Tomczak, T. (Hrsg.): Handbuch Marketingcontrolling, 2. Aufl., Wiesbaden, S. 593-610.

Carroll, A.B. (1979): A Three-Dimensional Conceptual Model of Corporate Performance, in: The Academy of Management Review, Vol. 4, No. 4, S. 497-505.

Carroll, A.B. (1991): The Pyramid of Corporate Social Responsibility: Toward the Moral Management of Organizational Stakeholders, in: Business Horizons, Elsevier, Vol. 34, No. 4, S. 39-48.

Carroll, A.B. (1999): Corporate Social Responsibility: Evolution of A Definitional Construct, in: Business Society, Vol. 38, No. 3, S. 268-295.

Carroll, A.B. (2000): Ethical Challenges for Business in the New Millennium: Corporate Social Responsibility and Models of Management Morality, in: Business Ethics Quarterly, Vol. 10, No. 1, S. 33-42.

Carroll, A.B. (2008): A History of Corporate Social Responsibility: Concepts and Practices, in: A. Crane et al. (Hrsg.): The Oxford Handbook of Corporate Social Responsibility, Oxford, New York 2008, S. 19-46.

Carroll, A.B. (2009): Business Ethics. Brief Readings on Vital Topics, New York, London 2009.

Clausen, J./Loew, T. (2009): CSR und Innovation: Literaturstudie und Befragung, Berlin & Münster 2009.

Davis, K. (1960): Can Business Afford to Ignore it´s Social Responsibilities?, in: California Management Review, Vol. 2, No. 3, S. 70-76.

Davis, K. (1973): The case for and against business assumption of social responsibilities, in: Academy of Management Journal, Vol. 16, S. 312-22.

de Carlo, L. (2004): Corporate Social Responsibility: Möglichkeiten zur Unterstützung durch die deutsche EZ. Online im Internet, URL: http://www.die-gdi.de/CMSHomepage/openwebcms3.nsf/(ynDK_contentByKey)/ENTR-7C3JDA/$FILE/Corporate%20Social%20Responsibility.pdf, abgerufen am: 02.03.2010.

Dresewski, F. (2007): Verantwortliche Unternehmensführung. Corporate Social Responsibility (CSR) im Mittelstand, Berlin 2007

Drucker, P.F. (1984): The new meaning of corporate social responsibility, in: California Management Review, Vol. 26, No. 2, S. 53-63.

Europäische Kommission (2001): Grünbuch – Europäische Rahmenbedingungen für die soziale Verantwortung der Unternehmen, online verfügbar unter: http://eur-lex.europa.eu/LexUriServ/site/de/com/2001/com2001_0366de01.pdf, abgerufen am 23.08.2010.

Frederick, W.C. (1960): The growing concern over business responsibility, in: California Management Review, Vol. 2, S. 54-61.

Friedman, M. (1970): The Social Responsibility of Business is to Increase Its Profits, The New York Times Magazine, 13. September 1970.

Gedenk, K. (2006): Controlling von Verkaufsförderungsmaßnahmen, in: Reinecke, S./Tomczak, T. (Hrsg.): Handbuch Marketingcontrolling, 2. Aufl., Wiesbaden 2006, S. 573-592.

Ginsberg, J.M./Bloomberg, P.N. (2004): Choosing the Right Green Marketing Strategy, in: MIT Slogan Management Review, Vol. 46, Heft 1, S. 79-84.

Grewe, W./Löffler, J. (2006): Aspekte der CSR aus Wirtschaftsprüfersicht, in: K. Gazdar et al. (Hrsg.): Erfolgsfaktor Verantwortung: Corporate Social Responsibility professionell managen, Heidelberg 2006, S. 3-11.

Habisch, A. (2006): Die Corporate-Citizenship-Herausforderung: Gesellschaftliches Engagement als Managementaufgabe, in: K. Gazdar et al. (Hrsg.): Erfolgsfaktor Verantwortung: Corporate Social Responsibility professionell managen, Berlin & Heidelberg 2006, S. 35-49.

Hansen, U. (1988): „Ökologisches Marketing im Handel", in: Brandt, A.; Hansen, U./ Schoenheit, I./Werner, K. (Hrsg.): Ökologisches Marketing, Frankfurt 1988, S. 331-359.

Hansen, U. (1992): „Umweltmanagement im Handel", in: Steger, U. (Hrsg.): Handbuch des Umweltmanagements, München 1992, S. 733-755.

Hauff, V. (1987): Unsere gemeinsame Zukunft. Brundtland-Bericht der Weltkommission für Umwelt und Entwicklung, Greven 1987.

Horváth, P. (2008): Controlling, 11. Aufl., München 2008.

Jamali, D. (2008): A Stakeholder Approach To Corporate Social Responsibility: A Fresh Perspective into Theory and Practice, in: Journal of Business Ethics, Vol. 82, No. 1, S. 213-231.

Jones, T.M. (1980): Corporate Social Responsibility Revisited, Redefined, in: California Management Review, Vol. 22, No. 3, S. 59-67.

Keinert, C. (2008): Corporate Social Responsibility as an International Strategy, Heidelberg 2008.

Kirstein, S. (2009): Unternehmensreputation, Wiesbaden 2009.

Kleine, A. (2009): Operationalisierung einer Nachhaltigkeitsstrategie. Ökologie, Ökonomie und Soziales integrieren, Wiesbaden 2009.

Köhler, R. (1993): Beiträge zum Marketing-Management. Planung, Organisation, Controlling, 3. Aufl., Stuttgart 1993.

Köhler, R. (2006): Marketingcontrolling: Konzepte und Methoden, in: Reinecke, S./Tomczak, T. (Hrsg.): Handbuch Marketingcontrolling, 2. Aufl., Wiesbaden, S. 39-61.

Kreibich, R. (1994): „Ökologische Produktgestaltung und Kreislaufwirtschaft", in: UWF, 1994, Heft 5, 13-22.

Kull, S. (1998): Ökologieorientiertes Handelsmarketing. Grundlegungen, konzeptionelle Ausformungen und empirische Einsichten, Frankfurt 1998.

Levitt, T. (1958): The danger of social responsibility, in: Harvard Business Review, Vol. 36, No. 5, S. 41-50.

Lewin, K. (1963): Feldtheorie in den Sozialwissenschaften. Ausgewählte theoretische Schriften, Bern & Stuttgart 1963.

Lichtl, M. (1999): Ecotainment. Der neue Weg im Umweltmarketing, Wien & Frankfurt 1999.

Link, J./Gerth, N./Voßbeck, E. (2006): Marketing-Controlling. Systeme und Methoden für mehr Markt- und Unternehmenserfolg, 2. Aufl., München 2006.

Link, J./Weiser, Ch. (2006): Marketing-Controlling, 2. Aufl., München 2006.

Loew, T./Ankele, K./Braun, S./Clausen, J. (2004): Bedeutung der internationalen CSR-Diskussion für Nachhaltigkeit und die sich daraus ergebenden Anforderungen an Unternehmen mit Fokus Berichterstattung, Berlin & Münster 2004.

Masaka, D. (2008): Why Enforcing Corporate Social Responsibility (CSR) is Morally Questionable, in: Electronic Journal of Business Ethics and Organization Studies (EJBO), Vol. 13, No. 1, S. 13-21.

Mattmüller, R. (2001): „Ökologieorientierte Distributionspolitik", in: Schulz, W. (Hrsg.): Lexikon Nachhaltiges Wirtschaften, München & Wien 2001, S. 66-70.

Merten, K (1994): Die Wirklichkeit der Medien. Eine Einführung in die Kommunikationswissenschaft, Opladen 1994.

Palloks, M. (1991): Marketing-Controlling. Konzeption zur entscheidungsbezogenen Informationsversorgung des operativen und strategischen Marketing-Management, Frankfurt a.M. 1991.

Preston, L.E./Post, J.E. (1975): Private management and public policy: The principle of public responsibility, Englewood Cliffs 1975.

Proffen, V. (2009): Corporate Social Responsibility und Global Governance: Entwicklungs-PPP als Unternehmensbeitrag zum Erreichen der Millennium Development Goals, Konsumentenverhalten, Berlin 2009.

Promberger, K./Spiess, H./Kössler, W. (2006): Unternehmen und Nachhaltigkeit, Eine managementorientierte Einführung in die Grundlagen nachhaltigen Wirtschaftens, Wien 2006.

Reinecke, S./Janz, S. (2007): Marketingcontrolling. Sicherstellen von Marketingeffektivität und -effizienz, Stuttgart 2007.

Schwalbach, J./ Schwerk, A. (2007): Corporate Governance und Corporate Citizenship, in: A. Habisch/M. Neureiter/R. Schmidpeter (Hrsg.): Handbuch Corporate Citizenship Corporate Social Responsibility für Manager, Berlin, Heidelberg 2007, S. 71-85.

Schwarz, A. (2005): Marketing-Controlling. Grundlagen, Strategien, Perspektiven, Saarbrücken 2005.

Schwerk, A. (2007): Corporate Governance und Corporate Social Responsibility. Integrative Betrachtung für eine „gute" Corporate Governance. Online im Internet: http://www2.wiwi.hu-berlin.de/institute/im/publikdl/Schwerk_2007_CG_CSR.pdf, abgerufen am 02.03.2010.

Sethi, S.P. (1975): Dimensions of corporate social performance: An analytic framework, in: California management Review, Vol. 17, No. 3, S. 58-64.

Spiller, A. (1996): Ökologieorientierte Produktpolitik, Marburg 1996.

Spiller, A./Zühlsdorf, A./Schaltegger, S./Petersen, H. (2007): Nachhaltigkeitsmarketing II, Gestaltung und Einsatz der Marketing-Instrumente, Lüneburg 2007.

Steiner, G.A. (1971): Business and society, New York 1971.

Swanson, D.L. (1995): Addressing a Theoretical Problem by Reorientating the Corporate Social Performance Model, in: Academy of Management Review, Vol. 20, No. 1, S. 350-363.

Tischner, U. (2001): „Win-Win-Situationen durch EcoDesign“, in: Lutz, U. & Nehls-Sahabandu, M. (Hrsg.): Praxishandbuch Integriertes Produktmanagement, Düsseldorf 2001, S. 113-142.

Toscani, O. (1995): Die Werbung ist ein lächelndes Aas, Paris & Mannheim 1995.

United Nations (1987): Report of the World Commission on Environment and Development, Online im Internet: http://www.un.org/documents/ga/res/42/ares42-187.htm, abgerufen am 22.08.2012.

Walton, C.C. (1967): Corporate social responsibilities, Belmont 1967.

Watrick, S.L./Cochran, P.L. (1985): The evolution of the corporate social performance model, in: Academy of Management Review, Vol. 10, No. 4, S. 785-769.

Wendt, H. (1999): Der Markt für ökologische Produkte in Deutschland und ausgewählten europäischen Ländern. Derzeitiger Kenntnisstand und Möglichkeiten künftiger Verbesserungen der Marktinformation. Münster-Hiltrup 1999.

White, A.L. (2006): Business Brief: Intangibles and CSR. Business for Social Responsibility. Online im Internet, URL: http://www.bsr.org/reports/BSR_AW_Intangibles-CSR.pdf, abgerufen am 01.11.2009.

Wilkens, S. (2007): Effizientes Nachhaltigkeitsmanagement. DUV, Wiesbaden 2007.

Wood, D. (1991): Corporate Social Performance Revisited, in: Academy of Management Review, Vol. 16, No. 4, S. 691-718.

Wühle, M. (2007): Mit CSR zum Unternehmenserfolg. Gesellschaftliche Verantwortung als Wertschöpfungsfaktor, Saarbrücken 2007.

Zerres, M.P. (Hrsg.) (2005): Handbuch Marketing-Controlling, 3. Aufl., Berlin 2005.

Autoren des Tagungsbands

Belau, Andreas	Kieninger Steuerberatung GmbH
Dipl.-Ing. (FH)	Gartenstraße 1
	73430 Aalen
Cravotta, Sven	RUD Ketten GmbH
Dr. rer pol.	Friedensinsel 1
	73432 Aalen-Unterkochen
Härting, Ralf-Christian	Hochschule Aalen – Technik und Wirtschaft
Prof. Dr.	Beethovenstraße 1
	73430 Aalen
Koch, Ralph	Zweitausendeins Versand-Dienst GmbH
Dipl.-Kfm.; MBA	Karl-Tauchnitz-Str. 6
	04107 Leipzig
Pietsch, Julia	Hochschule Aalen – Technik und Wirtschaft
Dipl.-Kffr.	Beethovenstraße 1
	73430 Aalen
Walter, Irene	Zeiss Meditec AG
Bachelor of Arts	Carl-Zeiss-Straße 22
	73447 Oberkochen